콩나물 팔다 세상을 뜬 경제학사

네 사랑 받기를 허락지 않는다

일제강점기 새로읽기 ③
네 사랑 받기를 허락지 않는다
― 콩나물 팔다 세상을 뜬 경제학사

2018년 10월 10일 초판 1쇄 찍음
2018년 10월 15일 초판 1쇄 펴냄

지은이   최영숙
펴낸이   이상
펴낸곳   가갸날
주 소   10386 경기도 고양시 일산서구 강선로 49 BYC 402호
전 화   070 8806 4062
팩 스   0303-3443-4062
이메일   gagyapub@naver.com
블로그   blog.naver.com/gagyapub
페이지   www.facebook.com/gagyapub
디자인   노성일 designer.noh@gmail.com

ISBN   979-11-87949-26-8 (03330)

이 도서의 국립중앙도서관 출판예정도서목록(CIP)은 서지정보유통지원시스템 홈페이지
(http://seoji.nl.go.kr)와 국가자료공동목록시스템(http://www.nl.go.kr/kolisnet)에서
이용하실 수 있습니다. (CIP제어번호 : CIP2018028343)

네 사랑 받기를 허락지 않는다

콩나물 팔다 세상을 뜬 경제학사

3
일제강점기
새로 읽기

최영숙

가갸날

최영숙은 역사 속에 묻힌 사람 가운데 하나다. 27살의 짧은 생으로 요절하였으니 그럴 만도 하다. 이제 우리는 그를 역사의 전면으로 불러내려 한다. 비록 짧았으나 그의 삶 속에는 1920년대부터 30년대 초를 상징하는 식민지 조선의 시대정신과 어그러진 민낯이 고스란히 담겨 있다.

"그는 불쌍한 조선사회를 위하여 한 조각 붉은 마음을 가지고 발버둥치는 여성이니 그가 고국에 돌아오는 날은 반드시 한 줄기 희망의 불이 비칠 것입니다."(《조선일보》1928.4.10)

놀라운 표현이다. 이 글만 보고 그 대상이 23살의 어린 여성임을 짐작이나 할 수 있을까. 이보다 한 해 앞서 《동아일보》는 하얼빈 특파원의 보도로 스웨덴 유학길에 오른 최영숙의 여정을 상세히 보도하고 있다. 1931년 말 최영숙이 학업을 마치고 돌아올 때는 유력 신문과 잡지가 앞다투어 최영숙의 귀국을 알렸다. 《매일신보》는 최영숙이 배를 타고 인천항에 도착하는 모습을 '인천발 전화'로 송고해 기사화하였다. 마치 최영숙의 유학을 여러 언론이 중계방송하는 듯하다.

나어린 여성에게 사회가 이토록 큰 관심을 쏟은 이유는 무엇이었을까? 그것은 무엇보다 식민지 현실이 몹시 암울하기 때문이었을 것이다. 다음은 최영숙이 특별한 존재여서일 것이다. 최영숙은 중국 유학을 마치고 스웨덴 스톡홀름 대학에서 경제학을 전공하였다. 당시까지 외국에 나가 경제학을 공부한 여성은 없었다. 그만큼 기대를 한 몸에 받았다.

1922년 최영숙이 중국으로 유학을 떠나는 데서 우리는 당시의 시대정신을 읽을 수 있다. 3·1만세운동 직후 급격히 떠오른 유학 대상지는 중국이었다. 이화학당을 다닌 최영숙은 식민지 조선의 현실에 눈을 뜨면서 독립운동의 길을 걷기로 결심한다. 중국어는 물론 영어, 독일어까지 익혀야 하는 힘든 유학 생활 중에도 최영숙은 독립운동의 꿈을 키우며 도산 안창호가 이끄는 흥사단에 가입해 활동한다.

자신의 인생행로를 결정하는 사표師表가 된 엘렌 케이를 책으로 만난 것은 이때였다. 엘렌 케이는 20세기 초 동아시아 여성운동에 가장 큰 영향을 끼친 사상가였다. 엘렌 케이를 매개로 최영숙은 사회주의 사상에 빠져든다. 엘렌 케이의 사상에 심취한 최영숙은 1926년 다시 스웨덴 유학길에 오른다. 엘렌 케이를 만나고 사회과학을 공부하기 위해서였다. 하지만 엘렌 케이는 최영숙이 스웨덴을 향해 떠나기 몇 달 전에 이미 세상을 떠났다. 안타깝게도 두 사람은 만날 수 없었다.

최영숙의 목표는 분명했다. 장차 고국에 돌아가 경제운동과 노동운동을 펼치겠다는 것이었다. 그 중심은 다시 노동여성으로 좁혀진다. 목표가 분명했기에 이국적인 모습에 반한 스웨덴 청년들의 구애를 단호히 거절한다.

"그러나 s군아, 네 사랑 아무리 뜨겁다 한데도 이 몸은 당당한 대한의 여자라. 몸 바쳐 나라에 사용될 몸이라, 네 사랑 받기에 허락지 않는다."

학업을 마치고 고국에 돌아온 최영숙은 기대에 부응하듯 일견 활발한 활동을 보여준다. 1932년 1,2월에만 기사화된 기행문, 논설, 대담이 10여 회가 넘는다. 하지만 그에게는 남다른 고민이 있었다. 부친의 사업이 파산하는 바람에 당장 취직해 가족의 생계를 책임져야 했던 것이다.

최영숙은 5개 국어에 능통한데다 경제학을 공부한 당시로서는 찾아볼 수 없는 재원이었다. 국제적인 감각과 해외 인맥까지 갖추고 있었다. 그럼에도 불구하고 최영숙에게 선뜻 일자리를 제공하는 곳은 없었다. 아무리 경제대공황의 시대였다지만 조선인에 대한 차별, 여성에 대한 차별이 아니고서는 설명하기 어려운 대목이다.

최영숙은 여성들이 차별 없이 살 수 있는 사회를 꿈꾸었다. 자신의 코가 석 자임에도 불구하고 경제적으로 어려운 처지에 놓여 있던 낙원동 여자소비조합을 인수한 이유다. 소비조합을 인계 받은 최영숙은 서대문 밖에 작은 점포를 내고 배추, 감자, 미나리, 콩나물 등속을 팔아야 했다. 또한 이화학당 은사 김활란의 청을 받고 공민독본을 편찬하는 일에도 온 힘을 기울였다.

최영숙은 무시로 밥을 굶다시피 했다. 영양실조와 과중한 업무, 그리고 스트레스는 그의 몸을 갉아먹었다. 한번 쓰러진 비운의 천재는 다시는 일어나지 못하고 불귀의 몸이 되었다.

뜻을 펴보지 못한 채 세상을 떠난 최영숙에게 세상은 잔인했다. 죽음과 함께 드러난 임신을 두고 스캔들을 부풀리기에 혈안이었던 것이다. 그리하여 조선을 위해 몸 바치려 했던 최영숙의 삶은 이국 남성과의 통속적인 연애사 울타리에 갇히고 만다.

최영숙은 윤색되고 희화화된 그 울타리 속에 한 세기 가까이 갇혀 있었던 셈이다. 최영숙이 활동한 시기는 너무도 짧았고, 스캔들은 그의 사후에 터졌다. 그는 자신을 변호할 기회조차 가질 수 없었다.

이 책은 한 시대 역사의 격랑 속을 치열하게 고민하며 산 선각자를 재조명하기 위한 기획이다. 그의 생각을 가감 없이 엿볼 수 있는 것은 오직 그가 남긴 기록이다. 이 책에는 최영숙이 쓴 모든 글을 한데 모았다. 기사 속에 들어 있는 글이라 할지라도 최영숙의 육성이 담긴 것이라면 추려내었다. 최영숙의 삶과 죽음을 다룬 주요 잡지 기사도 모두 모았다. 비록 흥미 본위의 글이라 할지라도 최영숙을 입체적으로 이해하는 데 도움이 된다고 생각해서다.

최영숙의 글 가운데 가장 중심이 되는 것은 인도 기행문이다. 그는 마하트마 간디와 사로지니 나이두 두 사람을 만나기 위해 천신만고 끝에 인도를 찾았다. 그에게 인도는 조선 문제의 해법을 찾을 수 있는 출구였다. 귀국길에 인도뿐 아니라 유럽 각지를 두루 둘러 본 것도 학문 연구를 넘어 '실지적 생의 싸움을 실험'해야 한다는 믿음 때문이었다. 인도는 그에게 새로운 세상을 열어주는 희망의 문이었지만, 다른 한편 비극의 씨앗이기도 했다.

이 책이 짧은 생애를 치열하게 살다 간 한 선각자의 삶을 복원하고 그의 삶을 통해 일제강점기의 한 시대를 이해하는 데 도움이 되기를 기대한다.

2018년 9월

〖차례〗

1. 이 책은 최영숙이 쓴 글과 신문, 잡지 기사 가운데 최영숙의 삶을 이해하는
   데 필요한 모든 글을 한데 모은 것이다. 일기와 두어 편의 글을 제외하고는
   1931년 말과 1932년 초에 집중되어 있다. 글 속의 전략, 중략 등의 생략
   표시는 발표 당시의 것이다.

2. 글의 구성은 다음과 같다. 1부 대학 생활과 인도 기행문, 2부 에세이, 3부
   일기, 4부 신문 잡지 기사. 몇몇 필요한 자료 사진을 구해 함께 수록하였다.

3. 맞춤법과 띄어쓰기, 외래어 표기는 현재의 한글 맞춤법 표준안을 따랐다.
   원본의 한자 및 한자식 표현은 한글 혹은 한글식 표현으로 문체를 바꾸는
   것을 원칙으로 하되, 일부 표현은 생동감을 살리기 위해 원문 그대로
   두었다.

4. 독자의 이해를 돕기 위해 필요한 곳에는 편집자 주를 달았다.

1

———

인 도 유 람

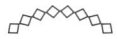

그리운 옛날 학창시대

스웨덴 대학생 생활

4개 성상의 남경 유학

이화학당 고등과를 졸업하고 정든 고국을 떠나던 때도 그리 가깝지 않은 7년 전 옛날이었습니다. 나는 남달리 일본 유학을 싫어하였으며 까닭도 없이 중국 유학을 즐겨 함에 따라 그 땅을 몹시 동경했던 것입니다.

그렇기 때문에 처음 남경南京 땅을 밟았을 때에도 그다지 외국이라는 낯선 느낌을 갖지 않았으며, 학교에 입학하면서부터 곧 재미를 붙이게 되었습니다.

중국은 가옥 제도라든가 풍속 등이 우리 조선과 흡사한 점이 많았습니다. 얼마 지나지 않아 일요일 같은 때에 교회당에 가서 여러 동포들을 만나고, 목사 집에 가서 조선 김치를 얻어먹기도 하였습니다. 남경 유학 시절의 재미있던 기억의 한 토막입니다.

세월은 빨리 흘러서 어느덧 4개 성상星霜이라는 긴 시일이 흐르게 되었습니다. 내가 배우던 학교南京 匯文學校를 떠나는 동시에 애착을 가졌던 남경을 떠나지 않을 수 없었습니다.

가장 동경하던 스웨덴의 풍경

남경에서 학교를 졸업한 후 고국으로 돌아가고 싶은 생각은 없었습니다. 고국엔 사랑하는 부모형제가 기다리고 있는 것을 잘 알고 있으면서도 고토故土를 밟고 싶은 생각은 조금도 없었습니다.

나는 남보다 여유 있는 가정에 태어나지 못했으므로 조

선을 떠나던 날부터 물질의 고통을 받았습니다. 중국에서 4년을 지내던 때에도 순전히 내 손으로 학비를 벌었지만, 더 알아야겠다는 향학열은 물질의 고통에 거리끼지 않았습니다. 그래서 어릴 때부터 다른 어느 곳보다 가장 동경하던 스웨덴으로 향하게 되었습니다.

스웨덴 땅을 밟았을 때는 북극의 추위도 풀리기 시작하는 따듯한 봄날이었습니다. 눈에 싸였던 스웨덴의 풍물은 조용히 내려 쪼이는 햇빛을 맞이하고, 호수마다 꽁꽁 얼어붙었던 얼음이 슬금슬금 녹기 시작하였습니다. 활기가 넘치는 스웨덴 사람들은 한층 더 활기를 뿜으면서 긴 다리로 거리를 활보하였습니다.

그러나 나는 동경하던 스웨덴 땅의 산수山水조차 찬미하고 싶지 않았습니다. 찬미하고 싶지 않았다기보다 찬미하게 되지를 않았습니다.

처음 스웨덴 땅을 밟던 때의 나는 너무나 외롭고 쓸쓸한 느낌 때문에 어쩔 줄 몰랐습니다. 스웨덴의 풍경은 어릴 때 지리를 배우면서 상상하던 풍경이 아니었습니다. 또한 언어와 풍속이 전혀 다르고 아는 사람조차 없으니 어찌 외롭고 쓸쓸하지 않았으리까? 그래서 한 달 동안은 밤이나 낮이나 울기만 했답니다.

그러나 목적을 가지고 있는 이상 울기만 해서 아무 소득이 없다는 것을 겨우 깨닫게 되자, 시골 중학교 비슷한 학교에 가서 어학을 배우기 시작했습니다. 그곳에서 몇 개월간 어학을 배운 다음 가을 학기에 스톡홀름 대학 정치경제학과에 입학하게 되었습니다. 처음엔 별로 재미있는 줄도 몰랐으나 차츰 배워가는 중에 무한한 재미를 발견하게 되었습니다.

남녀 공학이었는데 동무들은 몹시 친절하게 대해 주었습니다. 처음에 그들은 내가 조선 사람인 줄을 몰랐답니다. 아예 조선이라는 땅의 존재도 몰랐습니다. 내가 조선 사람이라고 말하면 이상하게 여기고, 자기들과 언어가 다르다고 해도 거짓말일 거라고 생각하는 일이 많았습니다. 그러나 얼마 지나는 동안에 그들도 조선의 존재를 알게 되었습니다. 차츰 그들과 한층 친밀한 사이가 되었습니다.

그에 따라 서툴던 이국 생활에 취미를 붙이게 되었으며, 살풍경으로만 생각되던 스웨덴의 풍경도 옛날 머릿속에 상상하던 풍경보다 더욱 미려하다고 느껴졌습니다. 조용하고 아름다운 풍경을 독점한 그 땅에서 주어진 시간 동안 학업에 힘쓰겠다는 생각을 가졌습니다.

앞에서도 말하였거니와 나는 그 땅에서도 고학을 하게 되었습니다. 그러나 그렇게 심한 고통은 받지 않았습니다.

Flygfoto: J. 52
...SAMRATT
...MARLO DEC...
...TOCKHOLM

Flygvy över Stockholm

1930년대 초의 스톡홀름 모습.
스웨덴 수도인 스톡홀름은 발틱 해에 면한
항구도시로 아름다운 풍광과 운하 때문에
'북구의 베네치아'로 불린다.
중세시대부터 한자동맹에 속하는 도시로
번영하였으며, 한자동맹의 지배에서 벗어난
후에도 북유럽의 문화 중심지로 발전하였다.

다른 동무들과 똑같이 여름이면 수영으로, 겨울이면 스키로, 세월이 어떻게 가는 줄도 모를 만큼 재미스럽게 생활하였습니다. 그때 일이 지금 와서는 끝없이 그리워집니다. 물론 한 달에 백 원이라는 학비를 벌려니 고통 되는 때도 있었겠지요. 하지만 지금은 괴롭던 일은 죄다 잊히고 재미스럽던 일만 회상됩니다. 여러분도 잘 아시겠지만 스웨덴은 눈雪의 나라입니다. 스웨덴의 설경은 다른 곳에서 찾아볼 수 없는 아름다운 경치라고 생각합니다. 눈이 몹시 쌓인 그 위를 동무와 손잡고 스키 타러 다니던 일도, 호숫가에 우거진 꽃이며 푸른 잔디가 쭉 깔린 넓은 들을 가로질러 물 맑은 호수를 찾아다니던 일도, 모두가 다시 돌아오지 못할 옛날의 기억으로만 남아 있습니다. 끝없이 안타까울 뿐입니다.

시간은 가는 줄도 모르게 흘러서 재미있던 학창 시절을 떠난 지도 벌써 만 일 년이 넘었습니다. 남경에서 지낸 4년간의 학창시대의 일은 벌써 희미한 옛일로 돌려보낼 뿐이지만, 스웨덴에서의 4개 성상의 즐겁던 생활은 잊으려 해도 잊히지 않습니다. 졸업하고 교문을 나서던 날의 일이며 동무들과 서로 떨어지기 애처로워하던 일이 지금까지 나의 가슴을 아프게 할 뿐입니다.

—《삼천리》1932.1

《삼천리》1932년 1월호에는 최영숙의 글이 두 편 실려 있다. 하나는 기행문 〈간디와 나이두 회견기, 인도에 4개월 체류하면서〉이다. 다른 하나는 '그리운 옛날 학창시대'라는 기획 속의 〈스웨덴 대학생 생활〉이다. '그리운 옛날 학창시대'의 필자는 최영숙, 이화여전 교수였던 김신실, 작가 김원주(필명 김일엽) 세 사람이었다.

인도 유람

이집트에서 인도를 향하기는 삼복에 더위가 한창 끓어오를 때였다. 염천에 열대지방의 인도를 만유한다는 것은 너무나도 무모한 일이라고 이집트 친구들은 불 끄듯 말렸다. 그 만류도 들은 체 만 체 수에즈 운하에서 봄베이* 행 항로에 오른 나

* 지금의 도시 이름은 뭄바이.

의 가슴은 우리들의 흥미의 초점인 인도를 보리라는 그 기쁨에 오직 뛸 뿐이었다.

이탈리아 배 아퀼리아에 몸을 싣고 봄베이에 이르니 때는 유월 초순, 유럽과 아시아의 중간 요새에 있어 국제 해운의 관문이 되어 있는 봄베이 항구는 번창하도다. 각국 상선은 끊임없이 들고 나고, 각국 상인들의 분주한 왕래는 국제시장의 본색을 충분히 발휘하고 있다.

인도는 자연물산이 실로 풍부한 나라이다. 그야말로 젖과 꿀이 흐르는 땅이다. 기후가 열대이고 토지가 비옥하여, 지금이라도 원시적인 농업제도를 개량하여 신농구와 새 방법을 사용한다면, 세계제일의 농업국이 될 것이다. 인도는 농산물만 풍요로운 것이 아니라 광산물도 금, 은, 보석이 세계적으로 이름 있는 나라이다. 그리고 인도는 중국, 이집트와 마찬가지로 고대 문명국이다.

그러나 그 찬란한 역사와 문명은 오늘날 다 어디 가고, 지금은 일개 섬나라인 영국의 지배 밑에 있다. 산천에 흐르는 젖과 꿀은 어이해 인도의 딸과 아들의 살과 뼈를 기르는 데에 아무런 인연이 없어졌는가.

그렇더라도 인도의 장래는 낙관이요, 결코 비관은 아니다. 보라! 저 넓은 거리 위에 오고 가는 남녀노소들을! 그들이 머리에 쓴 모자부터 발에 신은 신발까지 그 어느 것 하나 스스로 만들어 자급자족하는 것이 아닌 것이 있는가를!

스와데시(인도 말로 물산장려회) 상점은 거리마다 흥왕하고 있다. 인도인들은 극소수 사람들을 제외하고는, 모두 물건 값을 더 주거나 외국 물품을 사용하면 자기에게 경제적 이익이 될지라도, 결코 외국 상점에 가서 사 쓰지 않고 꼭 스와데시 상점에 가서 자기들의 쓸 것을 사 쓴다. 그리고 스와데시에서 일 보는 이들은 대개가 여자인데, 무보수로 일을 하는 것이다.

간디* 씨가 발견한 이 무기, 즉 자작자급自作自給 영화불용 英貨不用**은 영제국 자본가들의 심장을 찌르는 날카로운 화살과 같다.

인도는 영국 공산품의 원료 생산지이며 그들의 공산품을 세금(국세) 없이 판매하는 다시없는 시장이었다. 이 같은 원료 생산지, 판매시장을 하루아침에 잃어버리는 날에는 대영제국의 찬란한 영화는 일락천장一落千丈***될 것이며, 따라서

---

* Mahatma Gandhi. 비폭력 저항운동을 이끈 인도 민족운동의 지도자이자 건국의 아버지. 1931년 최영숙과 만났을 때 간디의 나이는 62세였다.
** 영국 화폐 사용하지 않기.
*** 물이 단번에 천 길이나 떨어져 부서지듯이, 급격히 쇠락한다는 뜻.

그 나라의 거의 모든 부르주아지는 파산을 당하게 될는지 모를 일이다.

인도는 정함 없이 언제까지나 다른 사람을 기르는 살진 암소로 기름과 젖을 빼앗기고 살 것은 아니다. (중략)

인도의 자연 생활

인도의 절기를 나누어 보자면 사철 긴 여름이라 두 절기로밖에 나눌 수 없다. 하나는 장마 절기雨期다. 우기는 6월 초순부터 시작하여 대개 구시월까지 계속되는 것이며, 그 나머지 달은 비가 도무지 오지 않으므로 매우 건조하다. 날씨는 항상 더우나 우기에는 비교적 서늘한 맛을 보게 된다.

인도 여자들의 유일한 오락은 오후 석양에 산보하는 것이다. 불같이 뜨거운 햇빛이 서산으로 사라진 뒤에는, 봄베이로 말하면 아랍 해안에 있는 인도양 앞이나 에스플래네이드 넓은 공원 앞에는 젊은 여성들이 자동차나 마차를 타고 떼를 지어 헤일 수 없이 모여든다. 유랑 음악대의 주악이 울리고 높은 야자수 아래를 검은 피부의 여자들이 짝 지어 산보할 때, 금은주옥으로 수놓은 아름다운 사리(인도 여자의 겉옷) 옷자락이 서늘한 저녁 바람에 나부끼는 것을 보면 별유천지의 선녀들같이 곱게 보인다.

인도 여자의 옷은 바늘과 실을 대지 않은 필목이라 그 간단한 점에서 원시적인 옷같이 생각되지만, 단아하고 고상해 보이는 맛이 예술적이요, 고대 그리스의 옷같이 보인다. 그러나 보기에 아름다운 그만치 가볍고 편리하지 못한 점에서는 우리 옷만 못한 것 같다.

간디 씨와 나이두 여사 회견

실상 내가 인도를 찾아간 일이나 인도에서 오래 머물게 된 이유는 간디와 나이두 두 분을 만나고 싶은 까닭이었다.

때는 7월 초순 어느 날 이른 아침이었다. 콩그레스(국민회의) 일로 그 전날 밤 늦게야 간디 씨가 봄베이에 도착하였다. 아침 일찍 나는 나이두 여사의 생질이 되는 이로 이집트에서부터 우연히 동행이 되고, 그동안 나에게 많은 도움을 준 친구 로씨와 함께 국민회의가 열리는 장소로 향하였다.

큰길 거리에는 흰 모자에 흰 옷을 입은 수만 군중이 행렬을 지어 가며, 물레를 가운데 새긴 푸른색, 노란색, 붉은색 삼색기가 아침 햇빛에 번쩍이고, 아침 공기를 울리는 동자군의 음악 소리는 게으른 이의 단잠을 깨우고 있다.

국민회의 장소에 이르니 벌써 만원이라. 이삼층 양옥집 유리창 앞마다 사람이 가득가득, 담장 위며 길거리까지 인산인해를 이루었다. 나는 로씨가 안내하는 대로 홍수 밀 듯하는 사람 속을 헤치고 앞으로 들어가느라고 옆에 들었던 모자가 어디로 달아났는지도 모르게 되었다.

마침내 세계 역사적 위인 간디 씨 이하 나이두* 여사며 젊은 사자라는 별명을 듣는 네루** 씨, 키 크기로 유명한 이슬람교 수령 알리*** 씨 등 그 외에도 다수 인도의 남녀 영웅들이 모인 자리에 가까이 오니 내 자신은 개미보다도 작은 느낌이 생겼다.

거기서 두 시간 동안이나 중요인물들의 연설을 들은 후 나이두 여사의 소개로 간디 씨와 '하우 두 유 두' 인사를 하니, 이것이 인도의 성인 간디 씨를 처음 만나는 기회였다. 인도 간

---

* Sarojini Naidu. 브라만 명문가에서 태어나 영국 케임브리지 대학교에서 공부하고 인도 독립운동과 여성해방운동에 참여. 인도 국민회의 의장, 런던 원탁회의 인도 대표를 역임하였다. 시인으로도 큰 발자취를 남겼다.
** Pandit Jawaharlal Nehru. 간디의 영향을 받은 인도의 정치가. 독립투쟁에 사회주의 요소를 도입하였으며, 1947년 인도 독립후 총리가 되었다.
*** Muhammad Ali Jinnah. 이슬람 민족운동의 지도자로 나중에 파키스탄 독립의 아버지로 불리게 된다.

청중들에게 연설하는 동안 연단 위에서
실을 잣고 있는 간디. 최영숙이 간디를 만나기
한 해 전인 1930년의 모습.

디 씨라면 모를 사람이 별로 없을 듯!

공연히 여기다 길게 그의 소개 같은 것을 쓰고자 아니하고, 다만 간단하게 인도에 있는 동안 간디 씨를 만났을 때의 감상과 듣고 본 이야기를 적어볼까 한다. 간디 씨가 누구인지 모르고 처음 만나는 사람은 늙은 원숭이와 같이 생긴 괴상한 사람이라고 생각할는지도 모르겠다.

반나체인 간디 씨의 몹시 수척한 팔과 다리! 코끝에 반쯤 걸린 안경! 쾌활한 웃음을 웃을 때마다 드러나는 몇 개 안 남은 웃니! 크고 둥근 머리 꼭대기에 서너 오라기 뒤로 늘어진 긴 머리끝(이것은 힌두교의 풍속)! 이같이 그의 외모는 보잘것없지만 그의 인격, 그의 정신, 그의 행동은 세계 인류에게 막대한 영향을 주고 있는 것이다.

기차로 간디 씨가 영국 인도 원탁회에 참석하기 위해 떠나던 날, 즉 8월 29일 아침이었다. 우기라 궂은비는 주르륵주르륵 거리마다 빗물이 도랑을 지어 내려가건만, 간디 씨의 떠나기 전 연설을 들어보겠다고 지정된 장소인 에스플래네이드 메이든 넓은 운동장에는 수십만 남녀가 모였고, 여기저기 스피커를 걸어놓아 연설 소리가 골고루 들리도록 해놓았다.

군중의 열광적인 박수 환영과 동자군들이 울리는 음악

속에 여전히 반나체 그대로 겸손한 자세에 미소를 띤 간디 씨가 마이크 앞에 나와 손끝을 위로 두 손을 모아 군중에게 공손히 예를 갖춘 후에 목소리를 가다듬어 말하기를 시작하니, 놀라지 말라! 그렇게도 수척하고 쇠약하여 보이는 간디 씨의 음성은 산골짜기를 울릴 듯 말귀마다 힘 있게 울려나왔다.

군중들이 마치 부모의 유언이나 듣는 듯이 고요하고 정숙하게 서서 감격의 눈물을 흘리는 것을 보았다. 간디 씨는 그만치 큰 인격자인 만큼 그의 뒤를 따르는 제자들도 많고, 그를 흠모함으로 일평생의 즐거움을 삼고 사는 이들을 스웨덴서도 보았고 또 다른 곳에서도 보았다.

간디 씨가 런던으로 떠나기 전 마지막 연설을 하는 그 자리 간디의 뒤에는 오십이 넘었을 듯 말 듯해 보이는 키가 후리후리하게 크고, 단발한 머리카락이 희끗희끗하고, 푸른 눈빛을 반짝이는 여자 하나가 있었다. 아무리 보아도 인도 옷은 입었지만 인도 여자 같아 보이지 않았다.

나중에 집에 돌아와 알아보니 그 여자는 영국의 유명한 재산가의 딸이었다. 그야말로 부귀영화 속에 극도의 사치 생활로 세상이 되어가는 이치를 모르고 살아오다가, 간디 씨의 자서전을 읽고 크게 감동을 받고 영국의 비인도적인 행위에 비분悲憤하여, 곧 자기의 조국과 부귀영화며 호사로운 생활을 헌신짝 버리듯 하고 인도로 간디 씨를 찾아왔다. 그리고 인도 사람과 같이 인도 옷을 입고 간디와 인도를 위해 일하며 일생을 보내고 있었다. 이름은 미스 슬레이드*였다. 그 여자는 이번에도 간디 씨를 따라서 런던으로 제일 하등 배를 타고 동행하였다.

간디 씨는 자기 한 몸만 인도를 위해 희생하는 게 아니라, 자신의 자녀까지도 희생하게 하였다. 간디 씨가 가장 사랑하던 아들 중의 하나는 재작년에 소금 납세 거부운동(불복종운동)을 하다가 영국군에게 잡혀 고역을 치르던 중, 감옥 안에서 아사동맹餓死同盟이 일어나 굶어죽었다.

이때 자기 역시 부자유한 몸으로 사랑하는 아들의 기막힌 소식을 듣고도 눈물 한 방울 흘리지 못한 간디 씨의 간장이야 오직 쓰리고 아팠으리오!

이만한 용기! 이만한 희생! 또 그같이 인격상 도덕상 정치수단상 민중에게 큰 신임을 받고 있는 간디 씨의 사업은 성공할 날이 있으리라고 믿는다.

---

* 영국 해군 제독의 딸로 소설가 로맹 롤랑이 쓴 간디의 전기를 읽고 매료되어 간디의 제자가 된 매들린 슬레이드Madeline Slade.

1931년 인도 영국 원탁회의에 참석하기 위해
런던으로 향하고 있는 간디 일행.
염소를 데리고 여행하는 것이 이채롭다.
간디는 마르세유 세관원에게
"나는 가난한 탁발승이오. 내가 가진
것이라고는 물레와 교도소에서 쓰던 밥그릇,
염소젖 한 깡통, 허름한 담요 6장, 수건, 그리고
대단치 않은 평판뿐이오"라고 말했다.
간디의 오른쪽은 간디에 감화되어 제자가 된
영국인 매들린 슬레이드.

나이두 여사를 만나서

인도에 도착하자 곧 나이두 여사를 방문하고자 하였지만, 불행히 병으로 입원하게 되어 나이두 여사가 있는 여관을 찾기는 퇴원 후였다.

　　나이두 여사는 천재적 시인이다. 시인인 그만치 미美를 사랑하고, 산수풍경 아름다운 멋을 좋아하며, 삶의 단맛을 더 요구한다. 그의 일상생활을 본다 하여도 간디 씨와는 다르다. 나이두 여사가 유숙하는 숙소는 동양에서 제일이고 유럽에 견주더라도 찾아보기 드물게 훌륭한 타지마할 호텔이다.

　　이 호텔은 내가 유숙하던 집 바로 맞은편에 있어 오후마다 울리는 장쾌한 오케스트라 소리며 밤늦도록 오색 불빛이 번갈아 반사하는 전등 아래 쌍쌍이 짝 지어 춤추며 호사스럽게 노는 젊은 남녀들의 모양이 눈앞에 보였다.

　　이같이 나이두 여사가 머물던 호텔이 내가 있던 집에서 가까우니만큼 자주 그를 심방하게 되었다. 그리고 초청을 받는 일도 많았다.

　　하루는 오후 다과회에 초청을 받아 갔다. 좌석한 사람 중에는 여러 나라 신문기자들이 4,5인이나 있었다. 그들은 저마다 기사 자료를 수집하느라고 여러 가지로 묻는 말이 많았다.

불복종운동 때에 간디의 뒤를 이어 군중을 지휘하던 일부터 감옥에 들어가서 아홉 달 동안이나 고생할 때 지낸 이야기며 문답이 매우 길었다.

그중에도 나이 젊은 기자(뉴욕 신문) 모씨의 묻는 말은 이것이었다.

"그런데 나이두 여사께서는 빈궁한 인도 민족을 위해 일하는 분이 이렇게 화려하고 값비싼 호텔에 계십니까?"

그 자리에 앉았던 이들 중에는 누구나 속으로 같은 생각을 가졌지만, 남의 손님으로 와서 그러한 말을 묻는 것은 너무도 무례한 일이라 생각하여 모두 다 유구무언이었던 것이다. 여사는 이 묻는 말에 잠깐 어색한 어조로,

"그야 내가 인도를 위해 매년 하는 일이며 그로 인해 발생하는 이익이 얼마인지 모를 것인데, 이까짓 호텔이 그리 귀할 것이 있습니까?"

나는 차라리 이 대답을 한 웃음엣말이라고 생각한다. 그렇지 않으면 그 대답은 너무도 무가치한 것이다.

앞에도 잠깐 쓴 것과 같이 여사는 산수풍경을 사랑한다. 그리하여 그는 어디나 이러한 미를 동무 삼고 지낸다. 3층 그의 사무실에서 내려다보면 아라비아 바다 물결이 인도문印度門이 서 있는 언덕에 부딪치며 조수가 들고 날 때마다 일어나

인도 뭄바이의 상징인 인도문.
1924년의 모습이다.

는 수포, 그리고 건너편 언덕 희미한 안개 속에 너울을 드리운 신부와 같이 은근하게 서 있는 어여쁜 산들, 또 그 앞을 오르내리는 어선들, 이 모든 경치가 그야말로 나이두 여사의 시흥을 돕는 벗인 것이다.

나이두 여사는 붓筆의 사람만이 아니고 혀舌의 사람이다. 아담한 둥근 얼굴, 검은 눈썹 아래 반짝이는 두 눈, 복스럽게 생긴 코, 큼직한 입을 가진 나이 50이 가까운 이이다. 몸짓은 젊은 중년과 같이 활발하고 날쎄다. 그리고 열정적이다. 큼직한 입을 열어 말을 시작할 때면 무엇보다도 그 얼굴에 나타나는 표정이 매우 힘이 있다.

여사는 또한 사교적 수완이 능한 이다. 그의 객실에는 각국 방문객들이 끊일 새 없이 찾아오며, 피차에 원수같이 여기는 인도 각 교파들의 여러 가지 모습도 섞여 나타난다.

여사가 인도 통일에 큰 원수인 카스트를 타파하기 위해 많은 노력을 기울이는 것을 볼 수 있었다. 인도에는 고래로 카스트가 삼백여 종이 된다 하며, 교파 사이에 항상 충돌이 생겨 피차 큰 적같이 여기며 가끔 좋지 못한 결과가 생기는 일이 많았다.

그렇기 때문에 자기가 속한 카스트 사람 이외에는 상종

하는 일이 적고, 음식도 한자리에서 먹지 않으며, 결혼 같은 것은 물론 꼭 자기 카스트 사람들과만 해왔다. 그리하여 혹 어떤 사람이 자기 카스트 바깥 사람과 결혼을 하게 되면 그 카스트 계급에서 내쫓는 일이 보통이다.

하루는 나이두 여사에게서 혼인축하회에 오라는 청을 받고 갔다. 참석자는 백여 명 가량으로 다수가 정치계에 유명한 이들이었다. 당일 연회의 주빈들은 새로 결혼한 남녀 세 쌍이었는데, 한 쌍은 이슬람교 신랑과 힌두교 신부, 다른 한 쌍은 힌두교 신랑과 배화교拜火敎 신부, 또 다른 한 쌍은 이슬람교 신랑과 배화교 신부였다.

여사는 인도의 무수한 계급을 타파함에는 신지식을 얻은 남녀들 교파와 교파 사이의 결혼을 장려함이 큰 방책이라고 각오하고, 그를 위해 많은 노력을 하며 중매인 노릇도 더러 하는 듯하였다.

인도 여성계의 선봉인 나이두 여사는 직접적인 여성운동에는 별로 활동이 없다. 물론 시간 문제도 있으려니와 여사가 주장하는 말을 들으면 아래와 같다.

인도 여성은 특별한 여성운동을 요구하지 않는다. 우리는 참정권 선거와 피선거권을 다 획득하였다. 그런 까닭에 인도 여자들이 오늘날 할 일은 오직 일심합력하여 남자 동지들과 같이 정치운동에 노력하는 것뿐이다. 이 운동이 성공하는 날에는 일반 민중의 생활 정도가 향상되는 동시에 여성의 지위도 향상될 것이다.

인도 여성계는 불복종운동 참가 이래 그 지위와 이름이 세계에 알려지게 되었으며, 그 용기에 만인이 경의를 표하는 바가 되었다. 당시 인도 여자들은 기미만세운동 때 조선 여자들만큼이나 용감하였다(중략).

그중에 재미있는 이야기가 있다. 나이두 여사의 언니 되는 이가 영국군에게 잡혔을 때 그 여자의 품에는 세 살 된 어린 아들이 젖을 먹고 있었다. 어린아이는 영국 병사가 자기 어머니를 데리러 왔다는 말을 듣고, 입에 물었던 젖을 빼고 일어나며 말했다.

"엄마! 어서 가서 이 나라를 위해 독립운동을 하세요. 살림은 내가 할 터이니 아무 염려 마세요!"

이 놀라운 이야기를 듣고 감격하였다.

나이두 여사는 가정을 가진 주부다. 또 자녀 3남매 중에 딸 형제는 미술학을 케임브리지에서 전공한다고 한다. 그러나 그의 사명은 현모양처에 한 가정만 다스리기에는 너무도 만족하지 못하였다. 그리하여 그는 큰 사명을 따라서 일국을 위하는 사업에 헌신한 몸이 되었다.

이에 대하여 여사를 시비하는 이가 혹 있다. 통틀어 말하면 여사는 호걸다운 여자다. 그의 재주, 그의 수완, 그의 꾸준한 노력에 나는 많은 경의를 표하는 바이다.

4개월의 짧다면 짧고 길다면 긴 인도 체류에서 내가 얻은 바 감상이다. 사실을 다 쓰려면 너무 장황하겠기에 이번은 이것으로 끝을 맺고, 다음 기회에 남은 것은 다시 기록하고자 한다.

—《조선일보》1932.2.3~2.7

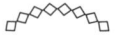

간디와 나이두 회견기

스웨덴을 떠나 고국에 돌아오는 길에 여러 나라에 들러 며칠씩 머물며 그 나라의 사정을 대강 알아보았습니다. 그 중에 제일 오래 지체하기는 인도였습니다.

그렇기 때문에 어디보다도 먼저 인도 인상기를 소개하고 싶습니다. 더욱이 전부터 동경하던 나라인 만큼 어디까지든지 그 나라의 정세를 잘 알아보려고 했으며, 평소 숭배하던

성웅 간디와 사로지니 나이두 여사를 만나보려고 애썼던 것
입니다.

　내가 인도에 들렀을 때는 지금과 같이 추운 겨울이 아니
었습니다. 찌는 듯한 태양 볕이 몹시 내려 쪼이는 여름이었습
니다. 본디 살결이 검은 인도인들의 피부색은 한층 더 윤이 나
고 검게 물들어 있었으며, 청청한 수목까지도 끓는 듯한 태양
열엔 어찌할 수 없다는 듯이 원기를 잃어 보였습니다.
　온대지방에서 자라난 나로서는 더위를 참기에 견줄 만한
것이 없을 정도로 힘들었습니다. 하지만 그만한 고통은 참고
견딜 만한 능력을 가졌던지 4개월이란 별로 짧지 않은 시일을
그곳에서 보내게 되었습니다.

성웅 간디와의 만남

전부터 간디 씨를 몹시 숭배했던 만큼 누구보다 먼저 간디 씨
를 만나려고 했습니다. 인도에 들르면 간디 씨 댁에 가서 머물
겠다는 생각까지도 가지고 있었습니다. (중략)
　내가 들렀을 때에 간디 씨는 콩그레스 회의 때문에 몹시

최영숙에게 큰 영향을 끼친
사로지니 나이두 여사. 간디와 더불어
인도 독립운동을 이끈 여성 지도자였다.

분주하였습니다. 그래서 그렇게 자세한 이야기까지는 할 수 없었습니다. 하지만 간디 씨를 만난 것만 해도 얼마나 기뻤는지 모릅니다.

간디 씨를 만나 보니 씨의 연세는 60 고령이 머지않은 듯 싶었습니다. (중략) 그러나 간디 씨는 퍽도 원기가 있어 보였습니다.

몹시 여윈 얼굴에 웃음을 띠면서 반갑다는 인사를 몇 번이나 반복하던 간디 씨의 얼굴이 아직껏 그리울 뿐입니다. 또다시 간디 씨를 만날 기회를 만들고 싶은 생각이 간절합니다.

사로지니 나이두 여사와 회견하다

나이두 여사를 처음 만나 보기는 스웨덴에서 공부할 때였습니다. 그때부터 여사와 친밀한 관계를 맺게 되었기 때문에 그 후 서로 서신 같은 것도 종종 있었습니다.

이번에 인도에 들러서 여사와 여러 번 만나 담화를 나누었으며, 여사가 투숙하는 봄베이 호텔에 찾아가 몇 번이나 음식까지 같이 먹었습니다. 여사는 몹시 친절했습니다. 그가 홀륭한 인물이라는 느낌에서 친하고 싶었던 것은 아닙니다. 은

연중 그가 믿음직한 한 동지로 생각되었으니, 아마도 같은 입장을 가지고 있기 때문인가 싶습니다.

여사는 언제나 조선 사정을 잘 물어보았습니다. 그리고 조선 사정을 인도에 소개하라고 몇 번이나 권유했습니다. (중략) 그러나 그때 나는 몸이 좀 불편하고 머리가 정리되지 않아서 여사가 권유하는 대로 실행 못하고, 조선에 가서 여러 가지 정세를 자세히 관찰한 후에 소개하겠다는 약속을 남겨놓았습니다. (중략)

여사도 연세 50이 가까워오는 중노인이었습니다. 부드러운 맛이 보이면서 강해도 보였습니다. 그렇기 때문에 시인으로 보면 시인이고, 정치가라고 보면 정치가라고 보겠지요. 여사는 아들딸이 많습니다. 모두 장성해서 지금 외국 유학하는 딸이 둘이나 있습니다. 가사는 남편 나이두 씨에게 맡겨놓고 자기는 정치운동을 위해 분주하게 돌아다닙니다.

어느 날 여사는 이러한 이야기를 나에게 들려주었습니다.

"우리 형님이 지금 옥중에 들어가 계십니다. 그런데 형님에게 세 살 먹은 어린애가 있는데, 제 어머니가 감옥에 끌려갈 적에 울지도 않고 '어머님, 어서 가십시오. 제가 어머님 대신 일을 하겠습니다' 하고 제 어머니의 용기를 북돋워 드렸습니다."

그 이야기를 들을 때에 거짓말인 듯싶었습니다. 하지만 나이두 여사가 거짓말을 하리라고는 믿지 않으니까, 사실임을 인정하지 않을 수 없었습니다.

인도의 정세와 풍속

인도 국민들은 누구를 막론하고 한마음으로 힘을 모아一心合力 국민운동에 주력하고 있습니다. 누구나 아는 바이니 여기에 구태여 소개할 것이 없겠지만, 한마디 이야기하고 싶은 것은 인도 여성들의 사상이 급속도로 변화되었다는 것입니다.

인도 여성들은 몇 년 전까지도 몹시 우매하였습니다. 하지만 지금의 그들은 국민운동에 전력을 다하는 중에 옥중 생활을 하고 있는 여성들이 수백 명에 달합니다.

그리고 인도는 국민운동뿐 아니라 계급타파운동을 더불어 진행하고 있음을 알았습니다. 누구나 아는 바와 같이 인도에는 옛날부터 내려오는 악습이 남아 있으니, 그것은 조선에 비추어 말하자면 옛날 양반, 상놈의 계급 차별이 심했던 것과 마찬가지입니다.

인도에는 각 교파教派가 있어서 자기 교파가 아니면 서로 상종하지 않는 동시에 결혼까지도 하지 못합니다. 그뿐만 아니라 농업 하는 사람이면 농업 하는 사람끼리, 상업 하는 사람이면 상업 하는 사람끼리만 상종하고, 만약에 다른 파와 상종하는 일이 있을 때엔 자기 파에서 쫓겨나는 나쁜 풍속이 있습니다.

복잡다사하지 않았던 옛날에는 이러한 나쁜 풍속이라도 지켜 왔지만, 새로운 사조에 물든 인도 국민들 중에는 이러한 악습을 없애려는 계급타파운동자들이 많이 일어나게 되었습니다.

인도 국민 2억5천만 명 전체가 국민운동이나 계급타파운동을 한다고는 할 수 없으나, 일반으로 보아서 인도 국민은 잘살 길을 찾으려고 분발하는 것이 사실입니다. 그러므로 4개월간 그곳에서 지낸 나의 기분까지도 퍽 씩씩해졌던 것입니다.

사정이 허락한다면 인도에 오랫동안 머물고 싶었습니다. 나이두 여사가 몇 번이나 인도에서 신문기자 노릇을 하라는 권유도 했지만, 그렇게 간단하게 그곳에 있을 수는 없었습니다. 인도 풍속은 좋은 점이 많았습니다. 내가 그 나라를 좋아해서인지는 모르지만, 사람들도 인정이 넘치고 음식이라든가 모든 것이 성기지 않았습니다.

음식은 요리하는 것이든지 맛이든지 중국요리 같으나 조

소금 전매제도를 시행하려는 영국에 맞서
비폭력 소금 행진에 나선 마하트마 간디와
사로지니 나이두(앞줄 오른쪽).

금 더 매운 편입니다. 음식 먹을 때 좀 익숙해지지 않았던 것은 우리들과 같이 숟가락이나 젓가락을 절대로 쓰지 않고 손으로 집어 먹는 것이었습니다. 그곳 사람들은 귀중한 음식을 왜 다른 물건으로 집어 먹느냐는, 음식을 귀중하게 생각하는 관념에서 그렇게 한다고 합니다. 처음에는 서툴러서 음식 먹을 때에 걱정이 되었는데 차츰 익숙하게 되니 오히려 편리했습니다.

식사는 하루에 세 번 하기는 합니다. 하지만 아침에는 차를 먹고, 밥은 열두시 쯤 해서 한 번 먹은 후, 그 다음에는 저녁밥을 먹습니다. 밤에 잠잘 때는 보통 침대에서 자지만, 빈궁한 사람들은 조선 사람처럼 방바닥에 그냥 누워 잡니다.

인도에 들러서 처음에는 인도 여자청년회관에 머물렀습니다. 하지만 식비가 너무 비싸서 인도 사람 집에 투숙하게 되었습니다. 어떻게도 친절하고 정답게 생각해 주는지 석 달 넘게 있으면서 한 번도 맘이 불편한 일이 없었습니다.

인도는 나에게 좋은 인상을 깊이 박아주었습니다.

1931.12.3

—《삼천리》1932.1

❖
원래의 제목은 〈간디와 나이두 회견기, 인도에 4개월 체류하면서〉.

2

여성들이 자유로운 세상을

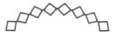

김산 형, 아뢰옵니다

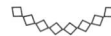

김산 형, 아뢰옵니다.

1개월이라는 짧은 시일에 저의 생활은 무서운 변동을 보게 되었습니다. 그 변동이 내 장래사업에 도움이 될지 해가 될지는 아직 알 수 없는 일이올시다. 물론 이곳에 온 나의 목적을 말한다면 순전히 장래사업의 기초적 준비를 위한 일일 뿐이겠지요. 그러나 오늘까지 생각하니 수양이란 것이 오직 서적을 읽는 데만 있는 것이 아니고 실지적 생의 싸움을 실험하는 데 있는 것을 깨닫게 됩니다. 따라서 오늘 나의 처지형편으로는 서적만 읽고 있지 못할 것은 사실입니다. 그렇지만 오직 한 가지 애닯게 생각되는 것은 아직 나에게는 실험장에 나설 만한 준비가 없음이외다.

저는 이제부터 스웨덴 사회 사정과 조직에 대한 연구를 하려고 합니다. 아직 결정적으로 말할 수는 없으나 1928년 반 년 안에 스웨덴 각 지방을 시찰 학습하고, 그 다음으로 덴마크, 노르웨이를 두루 돌아서 중부 유럽의 스위스를 가보면 좋겠다는 희망을 가지고 있습니다.

스위스는 형께서도 아시는 바와 같이 세계적 요충지라 할 만큼 첫째, 제국주의의 최고기관인 국제연맹이 있으며, 국제부인회의 본부가 있어 무엇보다도 세계적 활동인물을 많이 접촉할 기회가 있는 곳이 아닙니까? 그리고 또 한 가지 스위스에 한층 마음을 기울이게 된 것은 수일 전 제네바에서 스웨덴 국제여성자유평화회의에 대표로 온 미스 쉽스힌큰스를 인격적으로 우러러 존경하게 되었기 때문입니다.

자세한 것을 말하자면 정월 7일부터 12일까지 스웨덴 수도에서 국제여성자유평화회의 강연회가 있었습니다. 거의 1주일 동안 날마다 네다섯 차례씩 유명한 연사들을 초청하여 강연이 이어졌습니다. 거기에 한 연사요 대표자였던 이가 곧 미스 쉽스힌크스였습니다. 그이의 연설 주제는 '제국주의자들의 식민정책'이었습니다. 그 열렬한 웅변에 나뿐만 아니라 강연장을 가득 메운 청중이 감화를 받았을 것을 짐작하실 것입니다.

그리고 나는 거기서 그의 사상과 나의 것이 공명됨을 깨닫는 동시에 몇 분간 그와 대화를 나누었습니다. 그때부터 나는 곧 스위스로 가서 국제대학에 입학할 결심을 하였습니다. 그러나 한 가지 걸려 있는 것은 경제 문제입니다. 조선 사람 된 우리로서 아무런 노동을 하기로 무슨 부끄러움이 있으랴 하는 생각도 없지 않으나… (중략)

김산 형! 이제 한 주일만 지나면 이곳 시민회관에서 제가 '동양 여자의 해방운동'이라는 주제로 강연을 하게 됩니다. 이런 것은 아직 제가 원치 않는 일이나 부득이 경제적 도움을 얻기 위하여 약간의 글을 스웨덴 신문에 게재하게 되었으며, 변변치 못한 말솜씨로 연단에 올라서지 않으면 안되게 되었습니다.

늘 형의 건강과 행복을 빌고 이만 줄입니다.

1928년 ×월 23일 계림溪林 올림

—《조선일보》1928.4.10

*

최영숙이 김산이라는 지인에게 보낸 편지는 《조선일보》
1928년 4월 10일자 기사 속에 실려 있다. 최영숙이 스웨덴
스톡홀름 대학에서 경제학을 공부하고 있을 때다.

최영숙이 어떤 목적, 어떤 자세로 유학하고 있는지를 개략적
으로 살펴볼 수 있는 글이다. 최영숙은 조선에 보탬이 될 장
래사업을 위해서는 책을 통한 학문 연구를 넘어 '실지적 생
의 싸움을 실험'해야 한다는 것을 깨닫고 있다. 그리하여 유
럽 각지를 두루 시찰하고 국제적 인물, 단체와의 네트워크를
형성하고 싶어 한다.

엘렌 케이를 찾아 스웨덴으로 유학을 떠났음에도 국제여성
자유평화회의 강연회에서 만난 스위스 대표의 연설에 감복
되어 이내 스위스 유학을 고민하는 장면이 인상적이다. 아마
도 '제국주의자들의 식민정책'이라는 연설 주제가 이심전심
으로 그의 마음을 움직였던 듯하다.

다음은 최영숙의 편지가 실린 《조선일보》 기사다.

엘렌 케이 찾아가 스웨덴에 있는
최영숙 양

스웨덴에 조선 여자 유학생 한 사람이 있으니 그는 중국 상해에 유학하던 이로, 지금부터 3년 전에 스웨덴으로 떠나 지금 어떤 대학에 학적을 두고 있는 최영숙 양입니다. 그가 3년 전 스웨덴을 향할 때에는 아직 엘렌 케이 여사가 생존하였을 적이니, 최영숙 양은 그와 평소 서신을 주고받으며 그의 사상에 많은 감화를 받고 간 것이올시다.

엘렌 케이 여사는 그가 가던 해에 죽고, 지금의 그의 사상은 엘렌 케이와 많이 달라졌다고 합니다. 그는 불쌍한 조선 사회를 위하여 한 조각 붉은 마음을 가지고 발버둥치는 여성이니, 그가 고국에 돌아오는 날은 반드시 한 줄기 희망의 빛이 비칠 것입니다. 최영숙 양은 3년 후에 귀국할 예정이라 하며, 그는 현재 스웨덴에서 학업에 힘쓰는 외에 조선을 위한 글과 말을 많이 발표하는 중이요, 장차 유럽 일대를 순회하고 귀국할 터이라 합니다.

이제 그가 어떤 자기 친구에게 보낸 편지 한 구절을 여기 실어 그의 생활의 일부를 소개합니다.

여성들이 자유로운 세상을

서울에 내린 지 사흘밖에 아니되니 이렇다 귀결 지어 말을 할 수 없습니다만, 조선 사람이 몹시 더 곤궁해졌다는 자취밖에는 눈에 아니 뜨이는 것 같습니다. 버스 걸과 처음 대화할 때와 홍파동 꼭대기 우리 집으로 찾아 들어올 때에는 반가우면서도 가슴속이 콱 막히는 것 같았습니다.

스웨덴이 나의 제2고향입니다. 그곳 사람들은 외국인 대접을 극진하게들 합니다. 더욱이 나는 동양 여자로 처음이었기 때문에 후대를 한 몸에 모았댔어요. 아이들과 여성들이 자유로운 천지에서 힘있게 뻗어나가는 것이 제일 부러웠습니다.

특히 그곳에 제일 많은 여공들, 예를 들면 연초 전매국이나 성냥 제조장 같은 데서 노동하는 여성들까지도 정신상으로나 경제상으로나 풍유한 생활을 하는 것이 참 부러웠습니다. 그들에겐 일정한 노동시간과 휴가가 있을 뿐 아니라, 그들이 받는 임금은 생활비를 빼고도 반은 남습니다. 그들은 노동복만 벗어놓으면 가장 유족한 숙녀들입니다. 더욱이 체육을 숭상하는 그들이라 날마다 사는 재미가 다시 없이 호강스러워 보였습니다. 그러나 나는 그들을 따라 운동과 산보는 많이 하였지만, 극장 같은 데 구경을 갈 여가까지는 못 가졌댔습니다.

(기자 : 이제부터 어떠한 일을 하시겠습니까?)

조선 노동여성 운동을 계획하였으나, 집에 와보니 내가 먹을 것 준비할 몸이 된 처지이므로, 무엇보다도 먼저 내 자신이 직장여성으로 나설 결심입니다.

—《동아일보》1931.11.29

*

귀국후 최초의 언론 인터뷰 기사다. 〈스웨덴에 유학, 9년 만에 귀국한 최영숙 씨: 고학으로 경제학을 전공, 5개 국어를 능통〉 제목 아래 최영숙의 대학 졸업식 사진과 함께 인터뷰가 실렸다. 앞의 글은 최영숙의 말 중심으로 기사를 정리한 것이다. 기자가 쓴 글의 일부는 다음과 같다.

꾸밈없는 단발에 복성스러운 얼굴, 미소를 머금고 곱게 보내는 부드러운 목소리, 말마디마다 조심성스러워하는 빛을 보이면서도 매우 쾌활하게 이야기를 꺼내주는 최영숙 씨(26)는 북유럽 스웨덴 스톡홀름 대학 경제과를 마치고 아홉 해 만에 고국 땅을 다시 밟아본 이다.

...

씨는 스웨덴에서 공부하고 온 것으로도 조선에서 처음이지만, 이보다 여자 혼자 고학의 힘으로 스웨덴어, 독일어, 영어, 중국어, 일어까지 다섯 나라 말을 통하고 또 철저히 경제학 연구를 하였다. 물론 우리 조선 여성 활무대에 처음 나타난 명성明星이겠다.

귀국 소감과 포부

기자 : 고학으로 그같이 성공을 하시기까지에는 괴로움
이 많았겠습니다.

최영숙 : 괴로움이 있는 곳에 재미가 있어요. 많은 학비를
갖다 쓴다면 못할 사람이 누가 있겠습니까?

기자 : 오랫동안 조선을 떠났다가 다시 돌아오시게 되니

외국에서 조선을 살펴보신 것과 조선에 와서 다시 대하는 감상이 어떠하십니까?

최영숙 : 스웨덴 같은 나라에서는 조선의 존재를 아는 사람이 극소수이며, 조선의 형편을 얻어 들을 수도 없습니다만 그래도 우리 조선이 이 같은 줄은 생각하지 못하였는데, 돌아와 보니 내 집이나 조선 전체가 말이 아닙니다. 내가 전공한 것이 사회경제학인 만치 가는 곳마다 그 나라의 정치가, 여류××가도 많이 만나보았으며, 인도에서 간디와 나이두 여사도 두 번이나 만나보았습니다만, 그들이 지금 조선 ××의 리더는 누구이며, 무엇이냐고 물을 때는 뭐라고 대답하기가 어려웠습니다.

기자 : 이후 어떤 방면으로 활동하시려 하십니까?

최영숙 : 처음 조선을 다시 찾을 때에 지금 가장 급한 일인 경제운동과 노동운동에 몸을 던져 살아 있는 과학인 경제사회학을 더욱 살려보려고 하였으며, 공장 직공의 한 사람이 되어 그들과 같이 실제 운동을 하려 하였으나, 집안 사정이라든지 여러 가지 형편에 많은 변동이 있어 당장에 취직이 문제입니다. 그리고 스웨덴에 있을 때는 그 나라 신문과 대학신문에 투고하여 조선을 다소 소개도 하여보았고, 동무 중에도 신문

기자가 많았습니다만, 신문기자 생활이 얼마나 아름답고 씩씩한 직업인지 호기심도 없지 않습니다. 조선의 실정을 아는데도 제일일까 합니다.

—《조선일보》 1931.12.22

*

앞의 글은 최영숙이 스웨덴에서 돌아온 직후 《조선일보》에
실린 인터뷰 기사다. 다음 기사 뒤에 인터뷰가 이어진다.

조선 초유의 여류 경제학사 최영숙 양

스웨덴에 유학하던 최영숙 양(27)은 … 멀리 스웨덴으로
가서 그 나라의 수도인 스톡홀름 대학에 입학하여 금년
봄에 동대학 사회경제과를 마치고, 지난 2월 초순에 그
곳을 떠나 덴마크, 러시아, 독일, 프랑스, 스위스, 이탈리
아, 그리스, 터키, 유대, 이집트, 인도, 베트남 등 영국과
미국 두 나라를 제외하고 세계 20여 개국을 순유하고 돌
아왔다. 조선 여자로서 이 같은 경영을 가지기도 어렵거
니와 최양은 종시 고학으로 지내온 것이 더욱 이채이며,
영어, 독일어, 스웨덴어, 중국어, 일본어 5, 6개국 말에 능
통하는바, 기자의 추궁하는 질문에 다음과 같이 그의 소
감과 포부를 말하였다.

역경에 처한 조선 여성을 위해 일할 결심으로

스웨덴이란 나라는 인구가 600만밖에 안되는 조그만 나라입니다. 그러나 모든 생활양식으로 보아서는 세계에서 가장 문명한 나라 축에 드는 것입니다. 의무교육이 실시되는 고로 물론 문맹이란 것은 없고, 따라서 문화 정도로나 생활 정도로나 엄청나게 고급입니다.

사회민주주의가 가장 세력을 가지고 있고 일반민중의 생

활이 여유 있기 때문에(걸인이 없는 나라입니다), 공산주의 사상을 금하지도 않고 선전하는 대로 내버려두어도 별로 보급되지를 않습니다.

물론 남녀는 절대평등으로 정치적으로나 경제상으로나 차별이 없습니다. 오직 노동임금에 있어서는 여직공은 아직 남직공보다 임금이 좀 적습니다만, 이 차별을 철폐하기 위하여 각 노동조합에서 부단히 활동하고 노력하는 중입니다. 그러나 임금이 결코 생활을 못하도록 적은 것은 아닙니다. 여직공의 평균수입을 가지고 생활비에 쓰고 남음이 있습니다. 그런 까닭에 여직공들이 오히려 너무 사치스러운 생활을 하는 것 같은 감이 있습니다. 그렇게 된 데는 물론 각 노동조합의 세력이 크기 때문입니다.

무슨 직업에고 조합이 있어서 노동시간 제한과 최저임금 제한이 있는 고로 공장주도 그 세력에 복종하지 않을 수 없는 것입니다. 노동조합의 세력을 나타내는 좋은 실례를 하나 말씀드리지요. 담배 회사에서는 그 나라도 전부 여직공을 쓰는데, 거기서는 일급제日給制가 아니고 일하는 대로 임금을 지불합니다. 많이 하면 많이 받고 조금 하면 조금 받습니다. 그런데 이 담배 공장에는 노동조합 결의로 하루에 얼마 이상은 생산을 못한다 하는 규약이 서 있습니다.

그래서 아무리 숙련된 여공이라도 하루에 그 제한 이상은 일을 못합니다. 돈을 좀 더 벌 욕심으로 규약을 어기는 직공이 있으면 곧 노동조합에서 제명되고, 이어서 조합이 공장주에게 그 직공의 해고를 요구하게 되어 실직하게 됩니다. 노동조합의 세력이 이만 하니까 직공도 모두 조합의 공적인 결정에 절대복종할 수밖에 없이 되는 것입니다.

엘렌 케이 여사 한 사람이 참으로 스웨덴을 세계적으로 유명하게 하였다고 할 수 있습니다. 지금 와서는 스웨덴 사람들도 여사를 잘 이해하게 되었으나, 여사가 살아 있는 동안에는 오히려 비난과 조소를 많이 받았다고 합니다.

여사의 마지막 저서가 《청년에게》라는 논문인데, 그 책이 발행된 며칠 뒤에 여사는 두 개의 나무상자를 받았다고 합니다. 하나는 외국서 온 것이고, 하나는 스웨덴 안에서 온 것이었습니다. 먼저 외국서 온 것을 열고 보니 그 안에는 아름다운 꽃이 있고, 여사에게 고맙다는 사례를 하는 편지가 들어 있었습니다. 그 다음 스웨덴 안에서 온 나무상자를 열고 보니 그 안에는 《청년에게》라는 책을 오리가리 찢어놓은 것과 여사를 욕하는 편지가 들어 있더랍니다. 그처럼 여사의 저서가 외국인에게는 환영을 받았고, 내국인에게는 조소를 받았답니다.

한나 파울리가 그린 엘렌 케이의 초상화.
엘렌 케이는 중국 유학 시절 최영숙의 사상에
큰 영향을 끼쳤으며, 최영숙은 엘렌 케이를
만나기 위해 스웨덴 유학을 결심한다.

스웨덴 가정의 특색으로 말하면 자유 평등에 있다고 할 수 있습니다. 자녀들을 구속하지도 않고, 또 자녀 교육은 일종의 의무로 알아서 교육을 시키지만 그 대가를 얘기하는 일이 없습니다. 자녀를 다 길러서 성인이 되면 분가시켜 독립생활을 하도록 하되, 자녀에게 붙어서 얻어먹겠다는 관념은 조금도 없습니다. 그리고 부모 자식 간에나 부부 간에 절대로 평등입니다.

거기서 가장 큰 명절로 지키는 날은 물론 '유울'이라고 하는 예수 성탄절입니다. 이 유울은 예수교가 수입되기 이전의 옛날부터 지켜오던 대명절이랍니다. 그 다음으로는 프랑스에 잔 다르크를 기념하는 큰 명절이 있는 모양으로, 스웨덴에는 줄리아라는 수난녀를 기념하는 큰 명절이 있습니다. 이날 전국에서 가장 아름다운 처녀를 뽑아 여왕으로 봉하고 촛불 왕관을 씌운 후, 거리를 행진하며 종일 또 밤새도록 즐겁게들 놉니다.

기후는 조선보다 좀 더 춥고, 언어는 발음이 조선어와 매우 흡사합니다.

감상을 말씀하라고요? 무엇보다도 조선 사정이 구미 제국에 널리 소개되어 있지 못한 것이 큰 유감입니다. 월간으로 조그마하게나마 조선을 소개하는 영문 잡지 같은 것을 발간

할 능력이 우리에게 있다면 퍽 좋을 것 같습니다. 남들은 많은 비용을 써가며 대대적으로 자국 선전들을 하던데요.

귀국하기 전에는 미국으로 갈까, 중국으로 갈까, 조선으로 올까 하고 좀 망설였습니다만, 결국 고향인 조선으로 가서 자그마한 힘으로나마 역경에 처해 있는 조선 여성을 위해 일해 보겠다는 결심을 가지고 돌아왔습니다. 그러나 막상 와보니까 정신이 얼떨떨하고 어찌해야 할지 잘 모르겠습니다.

오래간만에 고향을 와보니 물론 반가운 것도 많고 변한 것도 많습니다. 처음 차에서 내려 버스를 타고 집으로 오는데 버스 걸을 보고는 이제는 조선 여성들도 부끄러움을 버리고 직업전선으로 나섰구나 하고 생각하니 한편으로는 기쁜 생각도 났습니다.

우선 가정을 먹여 살려야겠고, 또 조선 사회 전반에 대한 사정도 좀 알아보고 하여야 할 터인데요. 참으로 야단났습니다. 한 1년 동안만 신문기자 노릇을 해보았으면 하는 희망도 있습니다만, 글쎄요 어찌될는지 모르겠습니다.

—《신동아》 1932.2

최영숙이 귀국한 다음해 2월 월간《신동아》에 실린 글이다. '해외에서 형설공螢雪功 금의환향한 조선의 재원'이란 기획기사에 최영숙의 이화여고보 은사였던 김활란과 함께 소개되었다. 기사의 제목은 〈경제학사 최영숙 양: 북구의 파라다이스 스웨덴에서 돌아온〉이며, 다음과 같이 쓰고 있다.

엘렌 케이 여사를 낳은 북구의 파라다이스!

때는 지금으로부터 7년 전. 스웨덴 수도 스톡홀름 거리에는 조선 치마저고리를 북풍에 날리면서 대로를 활보하는 한 여성을 볼 수 있었다. 알맞은 키, 알맞은 몸집, 복스러운 두 볼과 정열에 찬 까만 두 눈, 그리고 정기 가득한 소프라노 목소리!

조선 여자를 처음 구경하는 스웨덴 남녀들에게 일대 센세이션을 일으킨 것이 결코 무리가 아닐 것이다. 이 조선 여성은 곧 6년간 이역에서 고학으로 성공하고 최근에 귀국한 최영숙 양이다.

...

방문한 기자에게 친절히 다음과 같이 이야기해주었다.

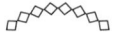

대중의 단결

근 10년 만에 고국 강산을 다시 찾아왔음에 가슴속에 솟아오르는 감상과 희망이 실로 많습니다. 그 중에 한 가지 꼭 새해에 있기를 원하고 사회의 선진 제씨諸氏와 각오 있는 남녀 형제를 향하여 노력을 기대하는 것이 있습니다. 대중의 단결이 곧 그것입니다.

　지난번 근 1년간 유럽 각국 여행중에서와 특히 인도에서

뜻있는 인사들을 많이 회견하는 동시에 조선이란 것을 약간이나마 소개할 기회를 얻게 되었습니다. 그럴 때마다 조선 문제에 대하여 다소 관심을 가진 이들이 무엇보다도 먼저 묻는 것이 이것입니다.

조선에도 정당이 있을 것이며 인도의 콩그레스Congress 같은 것이 있을 터인데, 그 지도자領袖가 누구냐라는 것이었습니다. 이 말을 들을 때마다 나는 얼굴이 확확 다는 듯한 것을 경험하는 동시에, 아직까지도 이러한 아무 단체를 가지지 못함을 한탄하는 동시에, 이 같은 단체가 하루바삐 우리 조선에도 있기를 원합니다.

물론 우리의 주위와 환경이 이러한 것을 갖게 하지 못하더라도, 우리의 주위 환경이 허락하는 그 한도 내에서라도, 또는 우리의 가능성이 보이는 그 한도 내에서, 이 민중을 대표할 만한 단체가 올해 안에 탄생했으면 합니다.

—《동광》1932.1

❖
《동광》 1932년 1월호 기획 '신여성의 신년 신신호新信號'에 실린 글.

스웨덴 가정의
감복할 시간경제

내가 못 살수록 남이 잘사는 것을 볼 때 부러운 생각이 나는 것은 누구나 일반일 줄 압니다. 이 땅의 한 구성원인 나로서 해외 생활 근 10개 성상에 외국 여자들의 행복스러운 생활 그 중에서도 특별히 다복하다고 할 스웨덴 여자들, 그들의 자유스럽고 쾌락적인 가정생활이며 사회활동은 참으로 부럽습니다.

첫째, 남녀동등권이 실질로 실시된 그들의 생활 정도나

사회상 경제상 지위가 우리보다 나은 것은 사실입니다. 그 중에도 그곳 여자들은 시간과 물질상 몹시 경제적입니다. 여자들의 근면한 정신은 남자에게 뒤지지 않으며, 책임감이 강하여 어머니와 아내 된 임무를 다합니다. 틈틈이 시간을 내어 사회봉사에도 힘을 씁니다.

사회복지 시설로는 소아보양원이니 빈민구제회니 기타 여러 단체가 있습니다. 일반 가정부인도 이 같은 단체에 참가하며 동양에서의 이른바 현모양처에 그치지 아니하고 사회의 한 구성원으로 국민의 한 분자로 그 임무를 완전히 다하고 있습니다. 그렇다고 그들의 집안이 넉넉하여 살림살이 같은 것은 전부 집안 하인들에게 맡기고 다니느냐 하면 결단코 그렇지도 않습니다.

내가 친히 알고 있는 여자로 스웨덴 여성 참정권 운동의 조모라는 존칭을 받고 있는 금년 82세 된 홈그렌이란 사람이 있습니다. 그는 16세에 가정을 이루어 8명의 자녀를 두었는데, 집에 하인은 단 한 사람뿐입니다. 그는 여성 참정권 운동을 목적으로 여러 단체를 조직하여 활동을 계속하고 있습니다.

일 년 삼백육십오 일 팔천칠백육십 시간은 저들이나 우리나 꼭같이 갖고 있는데, 우리는 귀중한 시간을 대부분 흰옷 빨기에 보내니 한심한 일입니다. 저들은 겉옷 한 벌만 가지면 4,5년씩을 넉넉히 지내는데 우리는 흰 옷을 입기 때문에 잘해야 2,3주일밖에 지내지 못하니 무서운 시간 낭비가 아니겠습니까.

새해부터는 우리도 흰 옷을 폐지하고 색깔 있는 옷을 장려하지 않으시렵니까? 그리하여 우리도 남은 시간을 이용해 남과 같이 사회의 일도 좀 해보지 않으시렵니까? 이상에서 스웨덴 가정을 잠깐 소개한 뜻이 실로 이에 있습니다.

—《동아일보》1932.1.3

❖
'해외의 체험을 들어 우리 가정에 기여함' 두 번째 필자인 최영숙의 글로
발표 제목은 '활동적인 그들, 감복할 그들의 시간경제: 스웨덴 가정'이다.

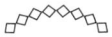

영구성과 단결 위해
경제생활의 토대를
구비하자

민족의 역사적 생존이 지속되고 있는 이상 민족적 중심단체의 존립이야말로 더할 것도 없이 필요한 것입니다. 금일에 와서 그 재조직의 필요를 새삼스럽게 논하는 것이 차라리 민족으로서 부끄러운 일이 아닐까 합니다.

그 조직의 방법이야 여러 가지가 있을까 합니다. 그러나 과거 우리의 경험으로 보아 민족적 중심단체의 중심은 적어도 민족적 경제생활에 토대를 두지 아니하면 아니될 줄로 압니다. 그는 경제생활을 떠나서는 민족을 중심으로 한 단체가 있다 할지라도 그 존립의 영구성이 적고 따라서 단결의 힘이 박약한 까닭입니다.

그러므로 이제 우리 민족의 중심단체를 조직하는 데는 반드시 민족적 경제생활의 공통된 조건을 갖추지 아니하면 아니될 것입니다. 그리고 민족적 경제생활의 옹호와 보장을 절대조건으로 하지 아니하면 아니될 것입니다.

—《동아일보》1932.1.3

❖
'민족적 중심단체 재조직의 필요와 방법: 각 방면 명사의 복안' 난에 실린 '스웨덴 경제학사 최영숙 씨 담談'.

어떠한 경제학이 정당한가

기자 : 스웨덴에서 여러 해 동안 경제학에 대해 연구하신 만큼 이 방면에 대해서 몇 가지 물어보려고 하니 자세하게 대답해주십시오.

최영숙 : 아는 데까지는 말씀해드리겠습니다만, 너무 광범한 문제이면 갑자기 조리 있는 대답이 나올는지 모르겠습니다.

기자 : 뭐 그다지 광범한 문제는 아닙니다. 참, 그런데 스톡홀름 대학에 세계적으로 이름난 경제학자 카셀 씨라고 있지 않습니까?

최영숙 : 네, 있습니다. 그러나 그는 부르주아 경제학자로 학생들에게도 자본주의적 견지에서 교수하기 때문에 뭐 신통한 것을 얻을 수가 없었습니다.

기자 : 그러나 프롤레타리아 경제학을 연구하려면 불가불 그들의 논리도 알아야 하지 않을까요?

최영숙 : 그렇기에 몇 해 동안 그곳에서 고생하면서 그것을 배운 것 아니겠습니까.

기자 : 자꾸만 말이 길어지는 것 같습니다만, 카셀 씨의 주요한 주장이 무엇인지요?

최영숙 : 나하고는 딴판의 견해입니다. 얼핏 말하자면 과잉생산을 부인하는 반대로 최고기의 최후에 이르러도 고정자본을 극도로 이용하지 않으면 안된다는 것과 대부자본은 결핍하지 않다는 등등의 논법이랍니다. 그리고 씨의 말을 들으면 지금의 경제계가 궁핍한 것은 세계대전이 원인이고, 그 후에도 오산으로 말미암아 공황시대에까지 이르렀다고 합니다.

기자 : 그러면 선생은 경제 공황의 원인이 어디 있다고 생각하십니까?

최영숙 : 물으실 것도 없겠지요. 요새 어떠한 논문에서든지 필두의 그 원인을 많이 논술하였으니까요.

기자 : 그래도 간단히 설명해주셨으면 좋겠습니다.

최영숙 : 자본주의 계급은 생산의 공로자 – 프롤레타리아트에게 불합리한 착취를 속행하기 때문에 지금은 경제 공황이 정치적으로까지 동요되고 있다고 생각합니다. 좀 더 명백하게 말하자면 자본주의 사회의 적대적 분배를 토대로 하는 자본주의는 생산력을 증진하고 생산장치의 능률을 확장하며 상품의 생산을 증가시켜가고 있습니다. 그러나 프롤레타리아트 계급층 – 광범위한 대중의 소비는 아주 좁은 범위에 국한되어 있는 것입니다.

기자 : 네, 그럼 프롤레타리아 경제학을 연구하신 게 틀림없으십니다.

최영숙 : 글쎄요. 어떻든 정당한 경제학을 연구해야 하겠지요.

기자 : 외국 여성들과 조선 여성들의 경제 지식은 얼마만큼 차이가 있다고 보십니까?

최영숙 : 물론 말할 수 없이 떨어졌다고 봅니다. 외국 여성들은 다른 방면에서도 우리 조선 여성들보다 앞섰지만, 경제에 대한 상식은 훨씬 더 앞섰다고 생각합니다. 더구나 외국 여성들은 경제적으로 독립한 자가 많고요, 또 가정에 들어앉은 부인들까지 경제에 대해서는 많은 상식을 가졌답니다.

기자 : 제일 경제 지식이 발달되었다고 생각하는 여성들은 어느 나라 여성들이었습니까?

최영숙 : 내가 알기에는 독일, 덴마크, 스웨덴 여성이라고 생각합니다. 스웨덴 같은 나라에서는 순전히 여성들만으로 경제에 대한 기관지까지 만들어낸답니다.

기자 : 기관지에는 대개 어떠한 것을 싣습니까?

최영숙 : 물론 경제에 대한 것이지요. 가옥 제도, 가사법, 의복 제도에 대한 것인데요. 될 수만 있으면 돈을 적게 들여서 편하게 살고 잘 먹고 잘 입으려고 하는 것이랍니다.

기자 : 그러면 여성들이 조직한 소비조합 같은 것도 있겠

습니다.

　　최영숙 : 그럼요. 여자 소비조합의 세력이 여간 위대하지 않답니다. 나는 아직 조선 사정을 잘 모르기는 하지만, 여자 소비조합의 발전이 시원치 못한 것은 조선 여성들이 경제 상식이 부족하기 때문이라고 생각합니다.

　　기자 : 조선 여성들이 경제에 대해서 상식이 없기 때문에 일어나는 폐해가 많다고 생각하는데요. 어떻게 생각하십니까.

　　최영숙 : 많고말고요. 세계 어느 나라를 막론하고 우리 조선 여성들처럼 힘들게 노동하는 여성들은 없습니다. 그러나 시간경제를 잘할 줄 모르기 때문에 하루 종일 가정에서 분주하게 일하지만 일의 성과가 없습니다.

　　원래 모든 제도가 그렇게 되어 있기는 하지만요. 무엇보다 먼저 의복 제도를 고쳐야 할 것입니다. 빨래를 자주 하게 되니 쉽게 떨어질 뿐 아니라 시간경제도 안되고 남보다 깨끗하게 입지도 못하지 않습니까?

　　기자 : 그렇지요. 의복 제도만 개량한다면 시간경제가 될까요?

　　최영숙 : 그렇지도 않겠지요. 내가 생각하기는 조선 여성

들은 근본적으로 시간을 경제해야 한다는 관념이 없는 것 같아요.

기자 : 어떻게 하여야 조선 여성들이 경제에 대한 상식을 느끼게 될까요?

최영숙 : 나는 이렇게 생각합니다. 지식계급에 있는 선진 여성들이 소비조합운동 같은 것을 맹렬히 해야 할 것이며, 때때로 강좌나 연설회 같은 것도 열어야 할 것이라고 봅니다. 또는 기관지도 있어야 할 줄 압니다.

—《삼천리》1932.2

❖
'부인(여성) 문제에 대한 비판'이란 기획에 실린 최영숙과 기자의 대담.

금강산이 보고 싶다

세계의 어느 나라, 어느 곳보다 이 나라, 이 땅의 절경인 금강산에 오르고 싶습니다.

내가 철이 들면서 언제나 가고 싶은 뜻을 가지고 있었지만, 아직껏 그곳에 발을 들이지 못하였습니다. 가장 동경하는 곳이건만 선인先人의 글文筆과 그림畵幅으로만 겨우 못 가는 안타까운 마음을 위로할 뿐입니다.

금강산 상봉에 올라서 금수강산의 찬란한 경개를 한번 내려다보면 힘이 굳세어지고 가슴이 넓어질 것 같습니다.

'내가 보고 싶은 사람'은 누구일는지요. 영웅 중의 한 사람? 성인 중의 한 사람? 또 그렇지 않으면 예술가 중의 누구한 사람일까요?

그도 저도 다 아닙니다. 나는 우리의 뒤를 이어 나오는 나와 같은 여성 동무, 그들이 제일 보고 싶습니다.

—《삼천리》1932.3

❖
'가보고 싶은 곳 만나보고 싶은 사람'이란 제목의 기획 속에 실린 최영숙의 글.

외국 여성의 삶과 여성 문제

기자 : 이제부터 말씀하고자 하는 문제는 유럽 각국 여성들의 일반사정에 대한 것입니다. 유럽 각국의 여성 문제 전반을 충분히 아실 것이므로, 이제 여기 대하여 몇 가지 말씀하여 보려 합니다. 조선에서 구경할 수 없는 여성들이나 아동을 위해 설치한 기관이 다른 나라에는 많다는데요, 탁아소나 양노원의 내부설비 등은 어떻게 되어 있는가요?

최영숙 : 설비야 별로 있을까요. 아동 연령에 따라서 적당하게 설비를 해놓는데, 낳은 지 2주일 되는 갓난아기는 커다란 실내에다가 아기 침대를 죽 놓고 거기다가 어린애를 하나씩 눕혀놓고요, 또 장난도 할 줄 아는 어린애들은 딴 방에 장난감을 많이 주고 그 어린애들을 돌볼 만한 보모에게 맡겨두어요. 그리고 또 어떤 탁아소에는 유치원까지 함께 설치되어 있답니다. 나도 두 주일간 탁아소에 있어 보았는데 퍽 재미있었습니다.

기자 : 그런데 어린아이는 몇 살부터 몇 살까지 많으며, 또 맡기고 찾아가는 데 시간제한이 있겠지요?

최영숙 : 있고말고요. 2주일 된 어린 아기부터 유치원 가기까지의 아동으로 제한되고, 시간은 아침 여섯 시, 일곱 시부터 맡기게 되며, 찾아가기는 대개 저녁 여섯 시부터 일곱 시까지입니다. 세계 어느 나라를 보더라도 조선 여성들처럼 맹목적으로 자녀를 사랑하는 데는 없을 것입니다.

기자 : 저- 들으니까, 외국 여성들이 사생아를 낳아서는 탁아소에 갖다 주는데 가만히 어떻게 갖다 준다고 하는 이야기가 들리더군요.

최영숙 : 네, 이번 귀국할 적에 인도에 들러서 보았어요.

거기는 로마 가톨릭교의 승려들이 경영하는 탁아소라기보다 고아원 같은 것이 있습니다. 어린아이를 기를 수 없는 사람이—다시 말하면 사생아를 안고 가서 바깥에 놓여 있는 궤짝 같은 데 어린애를 눕혀놓고 종을 누르고 가면, 승려가 나가서 어린애를 데려오더군요.

기자 : 외국 여성들은 대개 어떠한 직업을 흔히 가지고 있는지요?

최영숙 : 스웨덴 같은 나라에서는 여자들의 직업이나 남자들의 직업이나 구별할 필요도 없는 것 같아요. 여자도 남자와 같이 경찰도 될 수 있고, 형사 또는 국회의원까지도 될 수 있으며, 어떠한 직업이든지 할 수 있으니까요.

기자 : 산아 제한에 대해 말씀해주십시오.

최영숙 : 스웨덴에서도 개인으로 하는 일은 있겠지만, 장려하는 기관도 없고 엄벌을 내리는 일도 없던데요.

기자 : 외국 여성들이 자녀 기르는 데 있어서 조선 여성으로서 본받을 점을 말씀해주십시오.

최영숙 : 아까도 말했지만 조선 여성은 어린애를 귀여워

할 줄만 알지 기르는 방법에는 모순된 점이 많지요.

　　기자 : 부모가 자녀에게 몇 살까지 책임을 지게 됩니까?

　　최영숙 : 17세까지도 부모로서 자녀에 대한 책임감을 갖고 있지요.

　　기자 : 결혼에 연령 제한은 없습니까?

　　최영숙 : 있지요. 스웨덴에서는 남자 25세 이상, 여자는 21, 22세 가량으로 하더구먼요.

　　기자 : 그런데 이혼에 있어서 조선보다 다른 점을 말씀해 주시시 못할까요?

　　최영숙 : 조선서는 이혼하려면 여간 어렵지 않지만, 스웨덴에서는 두 사람이 이혼할 생각이 있다면 주저할 것도 없이 곧 수속을 하게 되지요. 그러면 그날로 이혼이 되는 것입니다.

　　기자 : 여자가 이혼을 요구하더라도 시행될 수 있습니까?

　　최영숙 : 그럼요. 얼마든지 될 수 있지요.

　　기자 : 어린애들이 죄다 어머니를 따라가겠다면 어린애

들의 양육비는 어떻게 됩니까?

　　최영숙 : 어머니가 어린애를 책임지게 되는 때는 아버지가 양육비를 주어야 한데요.

　　기자 : 잘 들었습니다.

—《삼천리》1932.4

❖
이 글은 '외국 대학 출신 여류 3학사 좌담회'라는 이름으로 진행된
내용 가운데 최영숙 관련 부분만을 발췌한 것이다. 참석자는 최영숙,
미국 웨슬리안 대학 출신의 박인덕, 미국 콜롬비아 대학 출신의
황에스터 세 사람이었다.

스웨덴 스톡홀름 대학 시절의 최영숙.
앞줄 오른쪽에서 세 번째 키큰 여성이
최영숙이다.

3

어여쁜 처녀여!

최영숙 일기

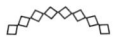

최영숙 일기

(전략)

그러나 S군아

네 사랑 아무리 뜨겁다 한대도

이 몸은 당당한 대한의 여자라

몸 바쳐 나라에 사용될 몸이라

네 사랑 받기에 허락지 않는다.

― 1928.8.23

혈혈단신 20세에
시베리아 머나먼 길

3등차에 몸을 싣고
밤낮으로 떠나와서

스웨덴이란 낯선 땅에
외로운 객이 된 지 3년이라

3년이란 기나긴 날
눈물인들 얼마이며
한숨인들 그 얼만가

말 모르는 외국 땅에
금전까지 없을 때에
이 내 마음 어떠하랴

가을 하늘 달 밝을 때
울고 가는 기러기 떼를
하염없이 바라보며

멀리 계신 부모님과
사랑하는 동생들아
아- 언제나 만나볼까

동편 하늘 바라볼 때
붉은 햇빛 떠오른다
금수강산에 비치던 해

이천만의 배달민족
천재天災 인재人災 슬피 옮을
황천이 살피소서

— 1929.7.19

투타 로스Tutta Ross를 생각하면서

심금을 울리는 가는 멜로디
네 어찌 그리 힘이 큰가?
옛날 다윗 왕의 거문고 소리는
사울의 딸 미갈의 사랑을 샀고
폴란드 파데레프스키*는
멜로디 소리로 폴란드 민족의 간장을
정복한 대통령이라.
아! 멜로디의 힘이여
강철을 녹이는 불의 힘이여
높은 장벽 굳은 성곽을
파괴 정복하는
여리고를 순회하던
나팔 소리다.
네 힘은 영웅 장사의 심장을
떨리게 하고
옛날 초나라 군인의

눈물을 자아내었도다.

약하고도 강한 그 힘은

오직 멜로디로다.

— 1930.2.1

---

* Ignacy Jan Paderewski. 폴란드의 피아니스트이자 작곡가.
1919년 폴란드 공화국의 탄생과 함께 초대 수상이 되었다.

어여쁜 처녀여!

진흙물에 우뚝 돋아나온
어여쁜 연꽃 봉오리같이
빈한의 주림 속에 자라난
처녀여! 아름답기도 하다.
굼실굼실 금실 머리
갸름한 얼굴을 돌린 것이
명서名書를 장식한 사진들같이
얼굴에 테를 둘렀구나.
너의 귀염성 있는 턱이여
조그만 연주 같은 입
도화같이 피어오는 두 뺨
샛별같이 반짝이는 큼직한 눈
아! 처녀여! 아름답도다.
숲 속에 깊이 숨었던 장미화
봄바람에 눈을 떠
사방에 향기를 뿌리도다.

— 1930.2.1

瑞典서經濟專攻코
歸國한一女性
歐亞一帶의諸國을週遊한
崔英淑孃所經歷

【仁川電話】 금二十五
일 오전七시반에 상해(
上海)로부터 인천에
도착한 조선귀선회사
소속경양환(瑞安丸)
에는 二十七세가량
되어보이는 단발한
조선녀성이, 섞기어잇
섯다

그리하야 여러사람의
시선을끌게되엿는 그여자는
경성홍파동(京城紅把洞) 二번
지의一호최장훈(崔長焄) 씨의
장녀최영숙(崔英淑)(二十八)으
로 일즉이 十二세되든해에
려주공보(驪州公普)를 졸업
하고 그후리화녀고(梨化女高)
를 마친나머지 런쌍을걸고
二十二세되든해에 멀니남경(

南京) 회문녀자중학(滙文女子中學)
에의하야 업을마쳐엇다 그후또다시 세
계만유의 뜻을가지고 대정十四년에서전(瑞典)
으로가서 그곳 「스톡크홀늄」 대
학경제과(大學經濟科)에입학하야 금년정월에 졸업하엿다 그
곳을써나 정말(丁抹) 목일(獨逸) 불국(佛國) 서서(瑞西) 법국(法)
허랍(希臘) 로이기(土耳其) 애급(埃及) 인도(印度) 유라(維納) 이태리(伊太利)
는 신가파(新嘉坡) 안남(安南) 상해(上海) 등지를 거치어 금번에 돌아오는것
이라한다 〈사진은최영숙.〉

최영숙은 중국과 스웨덴에서 9년간의
유학 생활을 마치고 귀국한다.《매일신보》는
1931년 11월 25일 최영숙이 인천항에 내리는
모습을 취재해 전화로 송고하였으며,
다음날 신문에 사진과 함께 기사가 실렸다.

죽음이여!

인생의 모든 신비를

홀로 감춘

지혜의 신이여!

너는 인생의 주위를

둘러싼 모든 문제를

해결하려고 애씀을

보고 웃으리라.

죽음! 그는 삶을 해석하는

유일의 방도이다.

죽음을 맛보기 전엔

모든 문제를 해결하지 못한다.

오! 죽음의 신이여!

생生에 곤困한 이 몸을

속히 그대의 품에

안아 주소서.

— 1930.4.1

세상에 제일 빠른 것이 무엇이냐? 공중의 솔개냐? 화살이냐? 기차냐? 비행기냐? 다 빠르다.

그러나 사상만치는 빠를 수 없다. 나는 지금 책상 위의 《사회구제》란 책을 보고 있다. 10분이 지나지 못한 그동안에 나의 사상은 멀리 동녘 하늘 끝 ××에 돌아갔다가 왔다. 사상은 과연 빠른 것이다.

10분 동안에 조선의 걸인들을 모아놓고 노동의 신성을 가르치며, 크나큰 작업장을 열어놓고 그들에게 일을 주었다. 이 어찌 빠르지 않을 것이냐?

— 1930.4.2

*

최영숙은 기행문, 수필, 영시英詩, 일기 등 적지 않은 유고를 남겼다고 한다. 그러나 귀국한 지 5개월 만에 세상을 떠나는 바람에 발표된 글은 얼마 되지 않으며, 그가 남긴 유고도 사방에 흩어져 있어 수습에 애를 먹었던 모양이다. 《동광》 1932년 6월호는 '최영숙 여사의 남긴 일기'라는 제목으로 최영숙이 시詩의 형식으로 기록한 일기를 몇 편 소개하고 있다. 여기 실은 글 가운데 1930년에 쓰인 4편이 여기에 해당하며, 나머지 2편은 《제일선》 여강산인의 글 속에 있는 것을 재수록하였다.

4

청춘에 요절한 최영숙 애사 哀史

스웨덴에서 사회학을 배우려고 하얼빈 시를 통과한 최영숙 양

경기도 여주군 태생으로 방년 이십이 세 된 최영숙 양은 지난 13일 밤에 하얼빈에서 유럽 아시아 연락열차를 타고 멀리 스웨덴 나라를 향하여 떠났는데, 이제 간단히 그의 목적과 경력을 소개하려 한다.

양은 일찍이 고국에 있을 때에 엄격한 가정에서 자라나 항상 그의 아버지의 남다른 뜻을 받아, 기미년 이후에 눈물을 흘리며 중국 남경으로 건너간 후에, 모든 고생을 겪어가며 회문여학교에서 공부를 하다가 작년에 그 학교를 졸업하였다. 그는 쾌활한 성질로 항상 새로운 사상을 가진 중국 여성들과 주축이 되어 자신도 머리를 깎고 여성운동을 하게 되었다 한다.

이번에도 남달리 스웨덴이란 작은 나라에 가서 사회과학을 연구하려고 그같이 외로운 몸으로 만리타국을 간다는데, 지난 9일 상해에서 신환柛丸이란 기선을 타고 대련에 상륙한 후에는 일본 경찰에게 잡혀 많은 고생을 하였다 한다. 그가 이같은 모든 고생을 무릅쓰고 이번에 학급을 지고 멀리 갔다가 후일 고국에 돌아온 뒤에는 몸과 마음을 오로지 고국을 위해 바치겠다는 마음에서 나온 것이라 한다.

그는 아직 나어린 여자의 몸으로 일어와 중국말과 영어에 정통하여 모든 것에 재주가 남보다 뛰어나다는데, 최근에는 또다시 사회주의 학술을 연구하여 이번에도 사회주의에 관한 서적을 많이 가지고 가다가 경찰에게 주목까지 받았다 한다. (하얼빈)

—《동아일보》1926.7.23

*

중국 하얼빈 주재 기자가 쓴 글이다. 1926년 중국 남경의 회문여학교를 졸업한 최영숙은 엘렌 케이의 사상에 심취하여 엘렌 케이가 있는 스웨덴으로 유학을 떠난다. 엘렌 케이는 최영숙이 스웨덴을 향해 떠나기 3개월 전에 세상을 떠났으니 최영숙은 그 사실을 모르고 떠난 셈이다. 남경에서 스웨덴의 수도 스톡홀름으로 가는 길은 상해로 이동해 배를 타고 요동반도의 대련에 내린 다음 기차를 타고 하얼빈을 거쳐 시베리아를 횡단해야 했다. 동아일보 기자는 최영숙의 유럽행을 어떻게 알고 하얼빈에서 최영숙을 만나 이런 기사를 쓸 수 있었을까? 최영숙은 그때 겨우 21살에 지금의 고등학교를 갓 졸업하였을 뿐이거늘. 최영숙은 남경을 떠난 지 두 달 만에 스톡홀름에 도착해 유학 생활을 시작하였다.

원래의 제목은 〈스웨덴의 학해學海로 사회학을 배우려고 하얼빈 시를 통과한 최영숙 양〉.

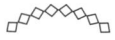

구십춘광 九十春光* 을 등지고

여자의 몸으로 외국의 최고학부를 마치고 경제학사의 학위를 얻어 가진 후 작년 십일월에 금의환향하였던 시내 홍파동 (紅把洞 2의10) 최영숙 여사는 이십팔 세를 일기로 백화가 만발하는 이 봄을 둥지고 지난 23일 오전 11시에 이 세상을 영

---

* 90일 동안의 화창한 봄 날씨라는 뜻으로 '봄'을 가리킴.

영 이별하고 말았다.

여자로서 최고 학문을 닦은 여사의 죽음은 각 방면에서 애석해하는 바이거니와, 한편 그는 독신으로 지내온 관계로 일부의 선망의 표적이 되었으나, 그의 죽음과 동시에 의외에도 세상이 알지 못해온 그의 가슴만이 가지고 있던 로맨스가 드러나게 되었다.

그는 그의 본향인 여주읍 공립보통학교를 우등으로 졸업하고 열여덟 살에 경성 이화학당을 또한 우수한 성적으로 졸업하자, 당시 삼일운동의 시대적 풍운에 싸이어 작은 가슴에 큰 뜻을 품고 동지 임효정 여사와 함께 중국 남경을 향하여 유학의 길을 떠나, 상해에 이르러 때마침 원정 갔던 조선축구단 이강희 씨의 주선을 받아 그곳 명덕明德학교에 입학하였다가 회문匯文여학교를 졸업하였다.

상해에 있는 동안에 양은 엘렌 케이 여사를 숭배하게 되고, 열정적인 그는 엘렌 케이 여사를 따라 스웨덴에 유학하기를 결심하였다. 그리하여 여자로서 가장 꽃다운 시대인 스물한 살 때—동무들이 단란한 가정의 주부가 되어 향락의 꿈을 맛보고 있을 때—그는 표연히 스웨덴 나라의 수도 스톡홀름에 도착하여 스톡홀름 칼리지의 고학생이 되었다. 6년 동안 이곳에서 고학한 적공은 그에게 영예스러운 경제학사라는 칭호를 주게 되었다.

그는 완고한 예수교 집안에서 자라난 관계로 처음에는 이에 많이 감염되었으나, 스웨덴에 유학하는 동안 사회주의 사상을 품고 조선에 돌아와 농민학교를 세우고자 하였다. 그리함에는 먼저 세계의 정세와 사조를 실지로 볼 필요가 있다 하여 작년 1월 스톡홀름을 떠나 유럽 각국을 지나 이집트에 이르렀다. 이때 여비 관계로 의지할 곳 없는 외로운 몸이 갖은 풍상을 겪고, 인도에 이르러는 모진 병마에 붙잡힌 바 되어 무수한 고초를 겪다가, 그곳에서 영국으로부터 돌아온 남자 동지 조선인 노모盧某를 만나 두 사람은 서로 사랑하는 사이가 되었다. 그리하여 그의 도움을 받으며 그곳에서 석 달 동안 외국어학교의 교사가 되어 생계를 유지하였다 한다.

그러나 조선을 위하는 열정을 가진 여사는 작년 11월 그리운 고향 경성에 그 자태를 나타내었지만, 현실은 자기가 외국서 생각하던 바와는 같지 않았다. 그뿐 아니라 뱃속에 태기가 있는 것을 생각할 때 그는 무한한 심려로 그날그날을 보내게 되었다.

임신중의 과로와 경제의 핍박은 마침내 그로 하여금 몹쓸 병마의 구렁으로 빠지게 하였다. 이 달 상순에 입원을 하고 복중의 태아를 수술하였으나, 병세는 더하여 마침내 지난 23

일 오전 11시 많은 미련을 남긴 채 영원의 길을 떠났으니, 이십 년 동안의 뼈를 깎는 노력은 지금에 이르러 헛되이 사라져 버리고 말았다.

시절은 봄! 전도양양한 청춘의 이 뜻하지 아니한 죽음을 젊은이들은 슬퍼한다.

더욱이 그의 집은 빈한하고 당장 매장할 준비조차 없어 여사의 평생 동지이던 임효정 여사가 부담하는 형편인바, 육십 된 부모가 망극하여 통곡하는 광경은 실로 쓸쓸하다.

—《조선일보》 1932.4.25

*

최영숙이 사망한 후 가장 먼저 최영숙의 죽음을 보도한 것
은《조선일보》였다. 사망 이틀 후 유해를 화장하는 날이었다.
겨우 5,6면 발행하던 신문에 아무런 공직도 맡은 적 없는 무
명이나 다름없는 젊은 여성의 삶을 이처럼 장문의 기사로 게
재한 것은 뜻밖이다. 오늘날로 치면 신문 한 면을 통째로 할
애해 조사弔詞를 실은 것이나 진배없다. 최영숙의 삶과 유학
생활, 그의 사상까지를 짚으면서 젊은 재원의 죽음을 애도하
고 있다. 그럼에도 조사에는 어울리지 않는 연애와 임신 사
실까지 적고 있는 것을 보면 당시 최영숙을 둘러싼 세상의
풍설이 어떠했는지 미루어 짐작할 수 있겠다.

원래의 제목은 〈구십춘광九十春光을 등지고, 애석! 여인麗人의
요절〉.

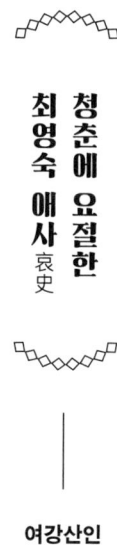

청춘에 요절한 최영숙 애사哀史

여강산인

가련한 청춘 재원의 요절

지난 사월 스무사흘 날이었다. 장안 많은 집에서는 바야흐로 백화가 난만하여 허다한 청춘 남녀들은 한 줄기 봄볕을 천금같이 아끼는 듯이 아침부터 꽃구경을 가느라고 자동차, 전차가 빈틈이 없이 문안 문밖으로 분주히 돌아다니는 때이지만,

세상일은 어찌 그다지 고르지 못하고 조물주의 심사란 또한 어찌 그리 변환이 무쌍한지, 꽃구경 다니는 사람들과는 아주 딴세상 같은 홍파동 한모퉁이―조그마한 집 속에서는 때아닌 폭풍우에 애처롭게 떨어지는 한 송이의 꽃과 같이 꽃다운 청춘 여성이 병마에 걸려 신음신음하다가 마지막으로 사랑하는 부모 동생과 그리운 애인을 부르짖으며 청춘에 사라지지 않는 한을 품고 영원한 길을 떠났다.

그 여성은 방년 26세―일찍이 단신으로 만리이역인 북유럽의 나라 스웨덴에 가서 최고학부를 마치고 명예로운 경제학사의 학위까지 얻어가지고 작년 십일월에 금의환향한 최영숙 씨이다. 보통 여자도 청춘홍안에 일찍이 죽는다면 누구나 애석하게 여기겠거든, 그와 같이 학식이 상당하고 인격과 포부가 상당한 전도유망한 여류 인물이 불행하게 청춘에 요절한 데 대해서야 그와 가깝고 멀고를 떠나서 누군들 한 줄기 눈물을 금할 수 있으랴. 그는 이 세상에 있는 동안에 갖은 고생과 갖은 냉대를 받은 불행한 여성이니만치, 죽은 뒤에도 또한 근거 없는 풍설과 명확하지 못한 비평의 주인공이 되어 야박한 세상 사람들의 혀 끝과 붓 끝에 오르내리게 되었다. 그는 이미 눈을 감고 혀가 굳은지라 세상사람이 아무러한 풍설과 비평을 전한다 할지라도 변명의 도리가 없지만, 그가 끼쳐

놓은 모든 기록과 유품은 그의 일생 사실을 정확하게 증명할 수 있다.

이제부터 그의 일기와 유품 몇 가지를 근거 삼아 그의 일생의 슬픈 역사를 대강 써보기로 하자. 이것은 비록 간단하나마 족히 세상 사람의 오해를 풀고 그의 적막한 고혼에게 한 줄기 위안이 될 줄 안다.

행복한 중학 시대

붓은 다시 그의 학생 시대의 일을 기록하는 데로 돌아간다. 그의 고향은 조선에서 자채벼(경기도 여주, 이천에서 나는 품질이 뛰어난 벼. 올벼무稻의 하나-편집자 주) 특산지로 유명하고, 근대 조선의 정권을 두 손으로 쥐락펴락하던 민閔씨 일족의 근거지로 유명하고, 또 한강 상류에 있는 도회로서 풍광이 명미하며 청심루, 벽사(신륵사-편집자 주), 영릉 등 명소 고적이 많기로 유명한 경기도 여주였다.

그리고 그의 가정은 그 지방에서 중류 이상의 지벌地閥(지체와 문벌- 편집자 주)을 가진 가정으로 그가 스웨덴에 유학 갈 시기까지는 상당한 재산도 있었고, 또 그의 부모는 비록 완고하나마 일찍부터 기독교를 신봉하였다. 그는 어려서부터 재주가 비상한 여자로 열네 살 때 그곳 보통학교를 우량한 성적으로 졸업하였다. 얼마 동안 가정에 있다가 다시 서울의 이화여자고보에 입학하여 1923년 4월에 그 학교를 또한 우수한 성적으로 졸업하니, 때는 마침 조선에서 만세사건이 생긴 후 청년 남녀의 외국 유학열이 팽창할 시기였다. 그는 이화학교 재학중에 제일 가까운 동지요 제일 사랑하던 친구인 임효정 씨(현 여상 교원)와 같이 결심하고 만리붕정萬里鵬程의 큰 뜻을 품고 중국 남경을 향하여 유학의 길을 떠났다.

그리하여 그해 9월에 남경 명덕여학교에 들어가서 약 1년간 공부하다가 그 다음해 1924년 9월 다시 남경 회문여학교에 입학하여 1926년 6월 그 학교를 또한 우등으로 졸업하였다. 그는 원래 다재다능하고 다정다열한 여자였다. 어학 공부를 하면 어학 재주가 천재여서 중국 유학중에도 불과 몇 달 동안에 중국어를 능통하여 같은 반 중국 학생들을 놀라게 하고, 성악 공부를 하면 성악, 피아노 공부를 하면 피아노, 그의 모든 재주가 남에게 월등하여 여러 동무와 선생들에게 많은 총애를 받았다. 또 ××사상과 ××성이 열렬하여 공부하는 여가에 당시 중국에 망명해 있던 여러 인물들과 힘을 합쳐 연령에 비해 놀랄 만한 활동을 하니, 여러 사람들이 모두 그를 사랑하는 중 특히 도산 안창호 씨의 귀염을 많이 받았다.

눈물겨운 북유럽의 학창 시절

그는 상해에 있는 동안 엘렌 케이 여사를 크게 숭배하였다. 엘렌 케이 여사의 저서를 많이 탐독하고 또한 중국 동무들 사이에서 그의 사상과 인격에 관한 이야기를 많이 들었기 때문이다.

스웨덴이 다른 곳보다 여성운동이 훌륭히 진보되었다는 소식을 듣고 평소에 동경하던 엘렌 케이 여사도 만나보고 또 공부도 더 할 겸해서, 그는 당시 사상이 같고 제일 친애하던 중국 동무 하나와 같이 1926년 6월 남경을 떠나 스웨덴으로 향하였다. 스웨덴에 도착한 지 얼마 안되는 10월 20일에 씩 틥나 중학교에 입학하였다가 다시 스톡홀름 대학 경제과에 입학하였다. 6년 동안 고학한 결과 1930년 9월 스톡홀름 대학을 졸업하고 경제학사의 학위를 얻었다. 그가 스웨덴에서 지낸 시기는 6개 성상이었지만, 유학중 가장 눈물이 많고 고생이 많기는 아마 그때였을 것이다.

그것은 그의 부친이 장사를 하다가 가산을 탕진하여 학

비를 보내지 못하게 된 까닭으로 고학을 하느라고 갖은 고생을 다한 것이었다. 그의 일기 중 1929년 7월 19일에 쓴 시 비슷한 문구에서 발견할 수 있다.

혈혈단신 20세에
시베리아 머나먼 길

3등차에 몸을 싣고
밤낮으로 떠나와서

스웨덴이란 낯선 땅에
외로운 객이 된 지 3년이라

3년이란 기나긴 날
눈물인들 얼마이며
한숨인들 그 얼만가

말 모르는 외국 땅에
금전까지 없을 때에
이 내 마음 어쩌하랴

가을 하늘 달 밝을 때
울고 가는 기러기 떼를
하염없이 바라보며

멀리 계신 부모님과
사랑하는 동생들아
아– 언제나 만나볼까

동편 하늘 바라볼 때
붉은 햇빛 떠오른다
금수강산에 비치던 해

이천만의 배달민족
천재天災 인재人災 슬피 옮을
황천이 살피소서

그리고 그는 그 다음에 또 이러한 글귀를 썼다.

어젯밤 침상 위에 누워서 생각할 때 명년에 집에 가면 무엇을 먼저 할까. 부모님 노쇠하고 형제들 약소弱少하니 내 할 일 무엇보다 가정을 정돈할 것, 유일한 나의 오빠 완성한 그 날까지(그의 오빠가 정신병자인 까닭) 마음껏 다 바쳐서 형 위해 희생할 것, 그 다음에는 민족 위해 일할 때에 공민학교 설립하고 노동계급의 청년 남녀 몸과 정신 수양하여 생의 길을 찾게 하자.

이것은 그가 장래에 해갈 일을 말한 것이다. 그는 스웨덴에 있을 때에 그렇게 여러 가지로 고민이 많았지만, 소위 연애 같은 것으로 고민한 적은 전연 없었다. 그것은 그가 평소에 그의 친우에게 한 말을 듣던지 그가 기록한 것을 보아도 조금도 그러한 기미가 보이지 않는다.

어떤 잡지에서는 그가 스웨덴에 유학하는 중에 소위 인도 청년과 연애가 생겼다 하였지만 그것은 전연 거짓말이다. 그의 일기를 보면 그가 그곳에 6년간을 있는 중에 조선 사람이라고는 이왕 전하가 처음으로 다녀가고, 동양 사람으로는 중국의 모 공사 일행과 알았을 뿐이다. 기타 소위 인도 사람이니 필리핀 사람이니 하는 사람은 전혀 만난 적이 없다. 여기에 관한 이야기는 아래에서 자세히 소개하겠거니와, 그가 1928년 8월 23일에 쓴 시구 중에 아래와 같은 글이 있는 것을 보면 그는 그렇게 허투루 남의 사랑을 받거나 주지 않았던 것이다.

(전략)

그러나 S군아

네 사랑 아무리 뜨겁다 한대도

이 몸은 당당한 대한의 여자라

몸 바쳐 나라에 사용될 몸이라

네 사랑 받기에 허락지 않는다.

그리고 여기에 또 한 가지 소개할 것은 그가 스웨덴에 있을 때 그곳 황태자의 도서실에서 번역을 해주고 학비를 얻어 쓴 일이다. 그것은 누구나 기억하는 바와 같이 연전에 스웨덴 황태자가 동양을 만유하는 길에 우리 조선까지 와서 여러 가지 서적과 문화재를 얻어 가지고 돌아가서 자국 글로 그 목록을 기록하느라고 그를 특별히 초빙한 것이었다. 그는 그 기회에 학비도 상당히 얻어 썼고, 졸업 후 세계를 만유하는 여비에도 큰 보탬이 되었다.

구스타프 6세 아돌프 스웨덴 국왕.
황태자 시절인 1926년 우리나라 경주에 와
서봉총 발굴을 참관하였으며, 최영숙은
그가 동양에서 수집해 온 유물을 정리하는
일을 도왔다.

장대한 포부는 다시 세계 만유로

그는 원래 완고한 예수교 신자의 가정에서 자라난 탓으로 중국에 있을 때까지도 그의 생각과 주의는 그편으로 많이 기울었으나, 스웨덴에 가서 여러 해 동안 있는 동안에 사상과 주의가 다소 이색을 띠게 되었다. 그는 항상 생각하기를 졸업을 하고 고국에 돌아오면 무엇보다 빈한한 농민 교육에 힘쓰겠다고 생각하였다.

그리함에는 먼저 세계의 대세와 사조 여하를 실지로 시찰할 필요가 있다 하여 작년 1월에 고국으로 돌아오는 길에 먼저 세계 만유의 길을 떠났다. 그는 물론 고학을 하던 사람이라 여비 같은 것도 무슨 특별한 준비도 없이 다만 자기의 열성과 재주만 믿고 떠난 것이었다.

그때 그의 수중에는 일금 6백 원이란 돈이 있었다. 그것은 위에 말한 것과 같이 스웨덴 황태자의 도서실에서 번역비로 나온 돈과 또 그가 조선의 자수를 잘하는 탓으로 그 작품을 팔아서 모은 돈이었다. 그리하여 그 돈으로 절약을 하며 유럽 여러 나라를 대강 구경하고, 지중해를 건너 이집트의 서울 카이로로까지 가게 되었다.

이집트에 가서는 고대의 문화와 새로 일어나는 민족운동

에 크게 감격하고 체험을 통해 얻은 바가 많았다. 그러나 원래 약한 체질에 장거리 여행을 오래 하여 몸이 몹시 피곤하게 된 데다 북유럽에 있던 사람이 별안간 열대지방으로 오게 되니 몸에 병이 생겼다. 그리하여 그곳에서 오랫동안 신음하는 중에 여비도 다 쓰고 보니, 그의 신변에 무서운 곤란과 고초가 생기지 않을 수 없었다. 그러나 그는 백절불굴의 생각을 갖고 다시 인도를 향해 만유를 계속하게 되었다.

이집트에 가기까지는 그래도 3등 배나마 뚜렷하게 표를 사가지고 다녔지만, 거기서부터는 그나마 살 돈이 없어서 겨우 짐짝 싣는 등외의 배를 타야 했다. 곳간 속에서 장거리 항행을 하게 되니 병을 앓고 난 몸인 그의 고통인들 여간하였으랴. 밤이면 의자 하나를 가지고 갑판 위에 올라가 노숙을 하고 낮에도 역시 거기에서 자수도 하고 떨어진 의복 같은 것도 깁고 있으니, 그의 행색은 아무가 보아도 수상하게 생각되었다. 더구나 이색의 여성이 되고 보니 누구나 보는 사람마다 그에게 시선을 아니 돌릴 수 없었다. 사람들은 여러 가지로 그를 비평하였다. 혹은 중국 쿨리의 여편네니 일본의 부랑 여성이니 하고 날마다 남의 화두 거리가 되었다.

선상의 일대 기이한 인연

행이라 할까 불행이라 할까. 그 여러 승객 중에는 다른 사람들보다 그를 유심히 보고 생각한 사람이 있었으니, 그는 세상에서 이르는바 소위 인도 청년이다. 그 청년은 며칠 동안을 두고 그의 행동을 살폈다. 아무리 보아도 그가 보통사람이 관찰하는 바와 같은 부랑 여성이나 쿨리로는 생각되지 않았다. 동정심으로 그랬던지 호기심으로 그랬던지 하루는 그가 앉은 옆으로 오더니 물었다.

"당신은 어느 나라 사람이며 어디로 무엇 하러 가십니까?"

이야기의 실마리는 이로부터 시작되었다. 최씨는 자기의 사정을 사실대로 대답하였다. 그 청년은 최씨가 조선 여성이란 말을 듣고 깜짝 놀라는 기색으로 반가워하였다.

"네, 당신이 과연 조선 사람입니까? 나도 역시 조선 사람입니다. 우리 어머니가 인도 사람인 까닭에 얼굴이 순조선 사람보다는 이렇게 다소 다르게 생겼으나, 조선 사람인즉 분명한 조선 사람입니다. 우리 아버지는 전날에 어찌하여 인도로 왔던지 알 수 없으나 성이 노盧씨인 까닭에 나 역시 성이 노가이고 이름은 로이(모 잡지에 마하드 젠나라고 한 것은 전연 잘못 전해진 말이다)라고 합니다."

그리고 자기는 영국으로 무역상을 하러 다니는데 마침 인도로 가는 길이라 하였다. 그는 최씨에게 무한한 동정을 보이며 자신이 돈을 내서 일등 배표를 사가지고 일등실로 들어가게 하였다.

피는 물보다 진한 까닭에 그리 되었다 할까, 환경이 만들었다 할까. 하여간 기연인즉 천하의 큰 기연이었다. 이때로부터 두 사람은 여타자별與他自別하게 되었다.

그럭저럭 인도에 도착하였다. 그 청년이 만일 자신의 집안에서 재산에 자유가 있었다면 최씨는 그다지 고통을 받지 않았겠지만, 그 청년은 외조모의 슬하에 있어 재산상 자유가 없었다. 그런 까닭에 그를 직접 원조하기는 어려웠다.

최씨는 인도에 머무는 동안에도 병마로 또는 여비 문제로 많은 고통을 받았다. 그러나 노씨가 간접으로 많은 동정과 원조를 해주어 그를 구제하였다. 그가 기독교여자청년회에서 일어 교사 노릇을 하며 객비客費를 얻어 쓴 것 역시 그 청년의 소개로 인함이었다. 그렇게 3개월을 지내는 동안 두 사람의 사랑은 점점 깊어졌다. 결국 정식 결혼식을 올리고(결혼한 증서가 있으나 여기서는 생략한다), 사랑의 선물로 임신까지 하게 되었다.

이 기연이 또한 그를 일찍 죽게 한 원인이 된 듯하다.

글의환향도 일장춘몽

그처럼 노씨와 사랑이 생겨서 결혼식을 하고 잉태까지 하였으나, 그의 원래 생각과 포부는 거기에 그치지 않고 고국으로 돌아와 사회에 이바지하겠다는 것이었다. 그뿐 아니라 그의 가정은 몹시 빈한하게 된데다가 오라비는 정신병자로 부모를 봉양할 가망이 없고 동생들도 또한 어렸다. 아무리 부부의 사랑이 열렬하다 하여도 고국과 가정을 그대로 저버릴 수 없었다.

그는 한참 동안 큰 고민을 하였다. 그의 일기 중에 "부모의 사랑과 애인의 사랑이 어느 것이 중하냐. 애인도 중하기는 하지만, 늙은 부모는 한번 이별하면 다시 볼 수 없으나 애인은 얼마든지 볼 수 있다"란 구절이 있는 것을 보아도 대강 짐작할 수 있다.

그는 그렇게 고민을 하던 끝에 최후 결심을 하고 인정에 차마 할 수 없는 애인을 이별하고 작년 11월 표연히 고국으로 돌아오게 되었다.

노씨와의 그때 이별이 어찌 영원한 이별이 될 줄 조금인들 뜻하였으랴. 그의 처음 생각은 고국에 돌아와서 무슨 직업을 갖던지 자기의 가정을 다소 정리하여놓고, 다시 인도로 찾아가든지 그렇지 않으면 그 애인과 같이 조선에 와서 살든지 하려는 것이었다. 하지만 실상 집에 돌아와서 보니 집안 형편은 극도로 곤란하고, 사회의 사정은 딴판으로 변하여 직업 같은 것도 도저히 마음대로 구할 수 없었다. 아무 일도 못하게 되니 날마다 고민만 늘어가고 몸은 점점 피로해졌다. 더군다나 부모에게도 아직 알리지 아니한 뱃속에 든 아이는 한 달 두 달 점점 자라났다. 고민이 가일층 심해져 마침내 병마에까지 걸리게 되었다.

4월 상순에 동대문 부인병원에 입원하여 태아까지 수술하였으나, 병세가 더 심하여 다시 세브란스 병원으로 옮겨서 치료하다가, 최후에는 홍파동 본집으로 돌아가 4월 23일 오전 11시에 한 많은 이 세상을 등지게 되었다. 영원한 길을 떠난 그는 홍제원 화장장의 한 줄기 연기로 사라지고 말았다.

오호! 가인佳人은 한번 가면 언제 돌아오나

그는 왜 자신의 결혼 사실을 부모나 일반사회에 공개하지 않고 있다가 죽은 뒤에 재미없는 여러 가지 풍설을 전하게 하였던가. 그것은 아무 다른 이유가 조금도 없다. 다만 그의 부모가 너무도 완고하여 본래부터 그에게 절대 독신 생활을 강요하였고, 결혼한 상대자가 아무리 조선 사람이라 할지라도 이색 혼혈아인 것은 사실인즉, 가정으로나 조선 사회의 인습으로나 도저히 공개하기 어렵다는 낡고 고약한 생각에서 나온 것이었다.

그가 만일 조선에 오지 않고 인도에서 그대로 살며 생활비나 집으로 보내던지, 최초부터 그 사실을 일반에 공개하였다면, 죽을 때까지 그러한 고민도 없었을 테고 죽은 뒤에 별다른 풍설도 없었을 것이다.

어찌되었든 그는 불행한 여자요, 아까운 여자이다. 10여 년 동안 공들인 공부를 이 사회에 와서 한 번도 써보지 못하고 헛되이 죽은 것은 누구나 애석히 여기지 않을 수 없다. 자고로 미인은 불행하다더니 그 역시 운명인데야 어찌하랴. 권권한 한강수는 여전히 그의 고향인 여주성을 감돌아 흐르고, 청심루 밝은 달은 그의 어렸을 때의 아리따운 자태를 그대로 그려 비치고 있지만, 한번 간 그의 형용은 어느 때나 다시 이 세상에서 볼 수 있을지 알지 못하겠구나.

홍제원의 한 줄기 찬 연기는 영구히 사라지지 않고 바람결에 남쪽 나라 인도 하늘로 달려가서 그의 사랑하던 애인의 머리 위에서 비도 되고 구름도 되려는가. 만리 이역에 애인을 보내며 복중의 아이까지 잘 낳아가지고 오라고 애달픈 부탁을 하며, 돈으로 서신으로 무한한 사랑을 선물하고 애를 태우던 그 청년은 그가 죽었다는 소식을 들을 때에 그 얼마나 간장을 녹였을까.

—《제일선》 1932.5

*

《제일선》은《삼천리》기사가 선보인 한 달 후에 발표되었다. 최영숙이 세상을 떠난 뒤 '근거 없는 풍설과 명확하지 못한 비평의 주인공이 되어 야박한 세상 사람들의 혀 끝과 붓 끝에 오르내리'는 것을 안타까워하면서 세상사람의 오해를 풀어보겠다는 것이었다. 이 글의 미덕은 1차자료인 최영숙이 남긴 일기를 폭넓게 인용하고 있는 점이다. 최영숙의 일기와 유품, 그리고 '친우(임효정)에게 한 말을 토대로 최대한 객관적으로 최영숙의 삶을 전기적으로 복원함으로써, 최영숙의 꿈과 생각까지를 입체적으로 반추해볼 수 있게 한다.

원래의 제목은〈청춘에 요절한 최영숙 애사哀史: 인도에서 이색異色 조선 청년과 결혼〉.

경제학사 최영숙 여사와
인도 청년과의 연애 관계의 진상

최 여학사의 죽음과 억측의 가지가지

기자가 고 최영숙 여사를 처음 만난 것은 그가 멀리 스웨덴 스톡홀름 대학에서 경제학을 마치고 금의환향한 지 얼마 안된 어떤 환영회 석상이었다. 여사는 중키에 건강한 몸을 지닌, 재주 있는 사람이라기보다는 덕 있는 사람이라고 할 만치 침착하고 무게가 있어 보였다. 세상이 그를 '재덕才德을 겸비한 무게 있는 신여성'이라고 두루 촉망해 마지않더니, 덧없는 것이 인생일까. 10여 년간 해외에서 고생하다가 돌아온 지 불과 반 년, 뜻을 이루지 못하고 세상을 떠나게 되니 그의 최근 정경을 아는 자 누구나 뜨거운 눈물을 금할 수 없다.

그러나 세상은 그를 알지 못하므로 도리어 '경제 여학사 최영숙 씨와 인도 청년과의 연애' 운운에 모든 호기심을 집중한 나머지, 있지 않은 풍설까지 자아내니 죽은 사람에 대한 예의가 아니다. 세상의 의문을 날려버리기 위하여 그와 인도 청년과의 연애 관계의 진상을 공개하고 이 세상을 떠나기 직전까지의 최근 정황을 기록하고자 하니, 이것은 다만 그의 떠도는 영혼을 위로하기 위함이다.

백일기도를 올리고 스톡홀름 대학을 마치기까지

최영숙 여사는 과연 인도 청년과의 사이에 연애 관계가 있었는가. 어린애를 뱄다가 세상을 떠났다 하니 결혼 문제는 어떻게 되었는가. 그는 무슨 마음으로 인도 청년하고… 언제부터, 이러한 의문이 그의 죽음을 싸고 돌고 있다.

그는 과연 조선 사람을 아버지로 하는 인도 청년 노씨盧氏, Mr. Row와 연애결혼을 하여 노씨 부인이 되었다. 이것은 그의 늙은 부모도 알고, 그의 친우도 이미 그가 귀국한 당시부터 알던 사실이다. 최영숙 여사는 귀국하자 자기의 친한 동무더러 자기가 이미 여사임을 말하고 노씨의 사진을 내보였던 까닭이다. 그러나 그 동무가 말하기를 물론 노씨 부인임을 감출 필요는 없으나 또한 공개할 필요도 없다 하여 지금까지 세상에 알리지 않고 있었던 것이 도리어 세상의 의문을 자아내게 하였다.

그는 어떻게 노씨하고 결혼하게 되었는가. 이것을 잘 알려고 하면 먼저 그의 약력과 그의 성격을 알 필요가 있다.

최영숙 여사는 경기도 여주 사람이다. 일찍이 여주보통학교에 입학하여 열한 살 때에 보통학교를 마치고, 열네살 때에 서울로 올라와 열여덟 살 되는 해에 이화여자고등보통학교를 우수한 성적으로 마치었다. 그가 보통학교를 졸업할 때 그의 나이는 어리고 또한 그의 부모는 당시의 보통 생각으로 여자가 보통학교나 졸업했으면 그만이지 하는 생각으로 상급학교에 보내기를 주저하였다.

그때의 소녀 영숙은 그의 가장 친한 동무 두 사람과 같이 소녀 3인의 백일기도를 시작하였다 한다. 그 효과가 있었던지 마침내 그는 서울로 올라와 이화여고보를 마치게 되었다. 이러한 굳은 결심을 가진 최영숙 양이 중등학교에 만족할 리는 만무하다. 그는 이팔 소녀의 몸임에도 불구하고 결연한 태도로 중국 유학을 결심하여, 1923년 9월 이화여고보를 졸업하던 해에 남경 명덕여학교의 학생이 되었다. 거기서 중국어를 공부한 지 1년후 다음해 9월에 다시 회문여학교에 입학하여 2년 동안 학업에 정진하였다. 그리고 1926년 3월에 두 번째의 중등학교를 졸업하였다.

당시에 같이 유학하고 최근 그가 세상을 떠날 때까지 절친하게 지내던 현재 경성여자상업학교 선생으로 있는 임효정 씨의 말을 들으면 최영숙 씨는 중국 유학 당시 안창호의 교화를 입음이 막대하였다. 본래 그의 집안에 의지와 기개가 있는 최영숙 씨는 그때의 모든 신여성과 같이 큰 뜻을 품고 안창호를 사모하고 그를 극진이 섬겼다 한다. 회문여학교를 마친 후 아직 조선 청년 누구도 뜻하지 못한 스웨덴 유학을 결심하고 단신 여자의 몸으로 멀리 스웨덴을 향하게 되었으니, 이것은 1926년의 일이다.

엘렌 케이를 사모하여 스웨덴 스톡홀름 대학에

최영숙 씨가 스웨덴으로 유학하기를 결심한 한 가지 큰 이유는 엘렌 케이 여사를 만나보자는 것이었다. 그러나 1926년 9월 그가 스웨덴에 도착하였을 때 엘렌 케이 여사는 이미 세상을 떠난 지 3개월이 지났다. 그는 낙망함을 금치 못했으나 무엇보다 우선 스웨덴어를 배워야겠다 하여 3개월 동안 낮에는 수공手工을 하고 밤에는 스웨덴 말을 공부하였다.

이때 기록된 그의 일기를 보면 "낮에는 노동을 하고 밤에는 어학을 공부하였다" 하는 어구를 도처에 볼 수 있으니, 여기의 노동이란 것은 자수刺繡를 의미한다. 중국유학 시대에는 학비를 본댁에서 타서 썼으나 이때부터는 고학을 시작한 것이다. 고학은 비교적 용이하였다. 베개 한 개의 수를 놓으면 5,6원의 수입이 생겼고, 저금을 할 여유까지 생겼다.

그뿐 아니라 그가 스웨덴 서울 스톡홀름에서 얼마 멀지 않은 씩튑나 학교(남녀공학)를 마치고 스톡홀름 대학에서 경제를 연구하던 대학 시대에는 스웨덴 황태자 도서실에서 황태자의 연구를 돕는 일을 보았다. 독자 중에는 스웨덴 황태자가 조선에 왔을 때 역사 고전에 관한 많은 도서를 가져갔다는 신문지상의 보도를 기억할 줄 안다. 최영숙 씨가 그 도서의 목록 작성과 내용의 대강을 번역하는 일을 맡아 보았던 것이다.

세상에는 여러 가지 풍설이 있지만, 그의 스웨덴 대학 시대의 동양인 동무라고는 중국 대사와 그의 부인이 있었을 따름이다. 필리핀 사람도 없었고, 중국 학생도 없었고, 인도 청년도 물론 없었다.

1930년 6월 그는 형설螢雪의 공이 있어 만리타향에서 젊은 여자의 몸으로 경제학사의 학위를 얻어가지고 밤낮 그리워 잊지 못하던 고국산천으로 돌아오게 되었다. 그의 가슴은 희망에 뛰고 이상에 불붙었다. 그해 9월 그는 행장을 수습하여 금의환향의 길을 떠났다.

그가 스웨덴 있을 때에 친부모 못지않게 그를 아껴주던 수양아버지 ××는(사진은 있으나 필자가 불행히 스웨덴어를 모르는 까닭에 그 이름을 알 수 없다) 작별을 아쉬워하며 "돈이 떨어지면 언제든지 곧 전보를 쳐라"고 도중을 염려하여 주었다. "괜찮아요. 제가 저금한 돈이 한 육백 원 있으니까요." 최영숙 씨는 그 친절을 사절하였다. 그리고 옛 문화 찬란한 이집트를 방문하고 인도에 들러 간디를 만나보고 나이두 여사와 하룻밤 이야기를 나눈 후 조선으로 돌아올 여행 코스를 작정하였던 것이다.

카이로에 나타난 청년, 봄베이에서 결혼식

최양은 이집트 카이로에서 트렁크를 내렸다. 이슬람교 장로는 그를 극진히 환대하였다. 그의 인격과 그가 가지고 있던 스웨덴 유지의 소개장은 가는 곳마다 그에게 편의를 제공해주었다. 최영숙 씨는 스웨덴에서 공부할 때 스톡홀름에서 가까운 백 리 이내의 지방은 자전거 여행을 가보지 않은 곳이 없으리만치 여행의 단련을 쌓고 그 위에 건강한 신체를 지녔다. 그럼에도 불구하고 열대지방에서는 어떻게 할 도리가 없었다.

건강은 약해지고 몸은 피로를 느끼게 되었다. 주머니 속의 여비는 인도까지 갈 것밖에 남지 않았다. 그런 까닭에 속히 이집트를 떠나려고 하였으나 불행히 배를 놓치는 바람에 3,4일을 더 지체하는 수밖에 없었다. 그러는 사이에 인도까지 갈 3등 선실 뱃삯까지 떨어지고 말았다.

그러나 그는 그의 수양아버지한테 돈 보내라는 전보를 끝내 하지 않았다. '다른 사람에게 구구하게 신세지지 않는다'는 것이 그의 신조였다. '인도만 가면 조선이 가까우니 거기서 집에 전보를 치리라' 결심한 그는 결연히 쿨리(육체노동에 종사하는 하층 노동자-편집자 주)들이 타는 화물칸에 몸을 싣기를 결심하였다.

다른 나라 사람들은 최양이 일등실 옆에서 이등실 근방으로 갈 때 주시하였다. 다시 이등실 옆을 지나 삼등실 근방으로 갈 때에 의아하였다. 그러다가 최양이 선창으로 갈 때에는 놀라서 동요하기 시작하였다.

"저 계집이 일본 여잔가."

"아니다. 중국 계집이다."

"참 아깝다. 차림차림이 괜찮건만."

"무얼 어디서 그렇게 주워 먹는 계집인지 가보자."

이렇게 쿨리들이 중얼중얼하고 이상하게 생긴 사람들이 뚫어지게 쳐다보면서 모욕을 가할 때, 몸은 쇠약하고 여비는 떨어지고 고향은 멀고 단신 여자의 마음은 외로웠다. 최양은 의자 하나를 사가지고 갑판 위에서 먼 바다를 바라보며 앉아 있었다. 그가 갑판 위의 의자에 앉아서 헤진 양말을 꿰매고 있을 때 열대의 태양볕은 사정없이 내리쪼이기 시작하였다.

먼 데서 이 정경을 보고 있던 한 청년이 있었다. 그는 키가 크고, 눈이 쑥 들어가고, 불의에 대한 분노와 침착함이 한 발 두 발 옮기는 걸음에 나타나 보였다. 이이가 문제의 인도 청년 노씨―아버지를 조선 사람으로 하고 어머니를 인도 여자로 한 혼혈아이다. 얼굴빛이 더러 검은 조선 사람보다 도리어 하얘 보였다. '이상하다. 저 여자는 천한 여자가 아닌데' 하는 생각이 들면서 무엇인가가 청년의 혈관 속에 깊이 숨어 있는 피를 끓게 하였다. 그는 한 걸음 두 걸음 최양에게로 가까이 와서,

"실례입니다만 당신은 영어를 할 줄 아십니까?"

"네, 압니다."

"왜 당신은 이런 데 타고 계십니까?"

이것이 그들의 첫 만남이다. 최양은 그 이유를 말하고, 청년은 그 사정을 동정하였다.

"아니오, 나는 여기가 좋아요."

최양은 청년이 일등실로 가자는 것을 거절하였다.

"그러나 이렇게 볕은 뜨거워 오고 몸은 쇠약하신데 무리를 하실 필요는 없지요."

청년은 자기의 내력—조선 사람의 아들이라는 것, 어머니는 일찍 죽고 계모가 있다는 것, 그 후에 아버지까지 죽고 계모와 함께 지낸다는 것, 자기는 영국 어떤 대학을 졸업하고 지금은 파리와 영국을 오가며 무역상을 하고 있다는 것을 말하였다. 그리고 그들은 간디와 나이두 여사의 이야기를 나누기 시작하였다. 미스터 로Mr. Row도 인도 봄베이로 가는 길이었다.

남자는 고결하고 총명할 뿐 아니라 분명한 자신의 정치

적 견해를 가지고 있었다.

"그럴 것이 아니라 저기(일등실)로 갑시다. 몸에 해로울 테니."

청년이 사심이 없는 것을 안 이상 그의 친절을 거절할 처지가 아니었다. 몸은 차차 더 괴롭고 돈은 한 푼 없고 인도에 내린대야 아는 사람 없는 낯선 이국! 최양은 집에서 돈이 오면 신세를 갚기로 하고 그와 동행하여 인도 봄베이에 내린 다음 그의 주선으로 기독교여자청년회관에 기숙하게 되었다. 즉시 그는 집에 전보를 쳤다.

그러나 본댁에서는 소식이 없었다. 최양은 그만 견디다 못하여 열기와 객고에 못 이겨 마침내 병석의 외로운 몸이 되었다. 주머니에는 한 푼의 돈이 없고, 아는 사람도 없고—요행 노 청년이 병원비 1개월분을 치러주고 여관까지 주선해 주었다. 그러나 여관에서는 돈을 내지 않는다고 늦은 밤에 짐짝을 들어 던지며 최양을 거리로 내어 쫓았다. 그 후에는 어떻게 할까.

경성 홍파동 최양의 본댁에서는 집을 잡혀서라도 여비를 보내려고 하였으나 마음같이 되지 않았다. 60이 넘은 부모는 '우리 영숙이가 오면' 하는 희망과 '어떻게 된 것일까' 하는 부모의 애타는 마음으로 가지가지로 주선하여 3백 원 배표를 사 보냈다. 돈보다 배표가 속히 간다고 하여서. 여기서 잠깐 그의 본댁 사정을 소개할 것 같으면 이러하다. 그의 부친은 여주에서 포목상을 하면서 여유 있게 지내다가 서울로 오고 재작년 명태 무역에 실패한 후로 생활에 대단한 곤란을 받기 시작하였던 것이다.

인도의 최양은 배표는 고향에서 보내준 까닭에 배는 탈수 있다 하여도 도중 음식을 사먹을 돈이 없어서 도저히 떠날수 없었다. 최양은 거리를 방황하다가 노 청년의 친절로 그의 집으로 인도 받아 이틀을 거기서 지내고 사흘째부터는 여관으로 옮겼다. 그는 자기 손으로 자활하여 다시 돈을 모아 가지고 조선으로 돌아오기를 결심하였다. 그리하여 그곳 유지의 주선으로 어떤 외국어학교의 일본어 교사를 맡게 되었다. 하루 5,6원 이상의 수입이 생겨 채무까지 갚을 수 있었다.

그러는 사이에 청년과 여자는 서로의 인격을 존경하고 학식을 숭배하면서 젊은 남녀의 마음에 사랑의 꽃이 피기 시작하였다. 그들은 성대한 결혼식을 올리고 등기소에 결혼증서를 등기하였다.

고국을 위하는 그들의 이별은

결혼을 한 지 석 달이 못 된 어느 날.

"그러면 가시오. 당신의 부모가 공부 시킨 사명을 잊지 않고 당신이 조선을 위해 일하겠다고 고국으로 돌아가는 것을 낸들 어찌 말리겠소. 그러면 가시오."

노씨는 생이별을 아쉬워하면서도 영숙의 결심을 말릴 수 없었다. 하지만 어찌 영원한 이별이 될 줄을 알았으랴.

"꼭 1년에 한 번씩은 오세요. 어린애는 고이 가꾸어 큰 일꾼을 만들 작정이니…"

"그것이 내 진심으로의 부탁입니다. 가고말고."

"나는 우리 조선을 위하여 힘쓰겠습니다."

그들은 사랑의 애달픈 정을 보다 위대한 열정을 위해 희생하며 작별을 아끼었다. 그리하여 여사는 그리운 고향으로 돌아오게 되었으니, 그것이 우리의 기억에 아직 새로운 작년 11월이다.

최여사는 그의 친한 동무에게 말하였다.

"이 애는 그 사람에게서 받은 선물이다. 이 애는 위대한 인물이 될 것이다."

노 청년이 비범한 인물인 까닭이다.

최여사에게는 금년 65세의 부친과 57세의 모친이 있고, 정신 잃은 남동생과 영선, 복정 두 여동생이 있다. 한 동생은 여자상업학교를 마치고 시집가고 또 한 동생은 이화여고보를 마치고 모 여학교의 선생으로 있다. 그러나 그의 부모가 가장 사랑한 것은 최영숙 여사였다. 그의 부모는 여사가 귀국만 하면 즉시 생활이 바로잡힐 줄 알고 고대하고 있었다.

타국의 최고 학부를 졸업하고 많은 희망을 갖고 그리던 고향이라고 사랑하는 사람을 이별하고까지 돌아왔으나 조선은 그에게 일을 주려고 하지 않았다. 모 신문사에서는 그를 청하려고 하였으나 그의 생활을 보장할 여유가 없어서 그만 단념하고 말았다 한다. 일을 못 얻은 그의 생활은 날로 곤란하여지고 마침내 사랑의 선물인 결혼반지까지 가지고 금은방을 찾아다니게 되었다. 어떤 때는 온 집안의 고무신을 모조리 모아다가 잡혀서 그날의 끼니를 이은 때도 있었다 한다.

그러나 그는 결코 이 사실을 입 밖에 내지 않았다. 절친한 친구가 속사정은 잘 알지 못하면서도 여하간 그의 생활이 곤란할 줄 짐작하고 때때로 2,3원씩의 용돈을 주려고 하였으나, 그는 굳이 거절하고 받지 않았다고 한다. '자기 일에 남의 신세를 지지 않겠다'는 그의 성격의 표현이라 할 수 있다.

최여사는 그가 애독하던 셰익스피어나 테니슨보다도 노동계급 빈한한 사람들에게 한층 관심을 가지고 있었다. 낙원동 '여자소비조합'이 유지되기 곤란한 것을 알고는 분명히 손해될 줄 알면서도 그 일을 위하여 가지가지로 변통하여 맡고, 김활란 씨의 공민학교 계획을 듣자 그의 부탁으로 공민독본을 편찬하기 시작하였다. 주림에 졸리면서 어떤 때에는 아침밥도 못 먹고 공민독본을 만들기 위하여 도서관에 다녔다. 어린애를 가진 몸에 영양부족, 소화불량, 그리고 각기병까지 걸려서 두 다리가 차차 부어오르기 시작하였다.

"얘, 어린애를 배면 다리가 좀 붓기는 하지만 너무 과로하면 안된다. 게다가 잘 먹지도 못하니. 조금도 염려 말고 우리 집에 와 있어라."

임효정 여사는 이렇게 권하였다. 그러나 그는 이렇게 대답하였다.

"아니다. 우리 집에서는 잘 못 먹는데 나 혼자 어떻게!"

최여사는 자기의 늙은 부모가 예나 이제나 변치 않고 자기를 사랑하면 사랑할수록 마음이 괴로웠다. '우리 영숙이가 돌아오면' 하고 밤낮으로 자기를 기다리던 60 양친은 끼니를 굶는다. 정신적 고통, 신체의 무리, 그는 마침내 풍風이 일고 열熱이 돋았다.

입원후 11일 만에 동대문부인병원에서 모체母體가 위험하다는 의사의 진단으로 산아産兒를 집어내고 세브란스 시료실로 옮겼다가 4월 23일 오전 11시 반 그만 한 많은 세상을 떠나게 된 것이다. 25일 홍제원 화장장에서 그의 뼈까지 잿가루로 변했으니 이것이 경제 여학사 최영숙 여사의 가련한 일생이다.

최영숙 여사의 열정과 용단과 자립성은 한 가지 큰 뜻을 위하여 통일 조화되어 있다. 재주는 일어, 중국어, 영어, 독일어, 스웨덴어에 능통하고 연구는 경제학에 깊다. 이 모든 것보다도 그들 여자들을 여자답게 하고 세상으로 하여금 장래의 촉망을 갖게 하던 것은 실로 그의 무게 있는 인격이다.

그를 아는 사람들은 그가 이미 세상을 떠난 후에 비로소 그가 돈이 없어서 이 세상을 떠난 것을 안타까워 마지않는다.

"돈! 돈! 나는 돈의 철학을 알았소이다."

이것이 노씨에게 한 최후의 편지의 한 구절이다. 그러나 그는 이 편지를 부치지는 않았다 한다. 사랑하는 사람에게도 구구한 사정을 말하고 싶지 않았던 까닭이다. 최영숙 여사가 세상을 떠난 후 노씨한테서 여비를 보내니 인도로 오라는 편지가 왔다고 한다.

—《동광》 1932.6

이 글은 극도의 통속성에 바탕한 《삼천리》의 기사가 발표된 한 달 뒤에 쓰였다. 《삼천리》의 기사를 필두로 한 '있지 않은 풍설까지 자아내'는 세태를 비평하면서, '세상의 의문을 날려버리기 위하여 인도 청년과의 연애 관계의 진상을 공개'한다는 것이 이 글의 취지임을 스스로 밝히고 있다. 주취재원은 최영숙의 가장 친한 벗이었던 임효정 씨였으며, 최영숙이 남긴 일기를 참고하였다.

당시 세상에는 최영숙이 인도 청년과 연애를 한 게 사실인지, 어린애를 뱄다가 세상을 떠났다는데 둘이 결혼은 한 사이인지, 그리고 최영숙이 '무슨 마음으로 인도 청년하고⋯ 언제부터' 사귀었는지 등의 구구한 억측이 떠돌며 사람들의 흥미를 자아내고 있었다.

《동광》은 흥사단을 배경으로 한 잡지다. 최영숙은 흥사단 단원이었을 뿐 아니라 귀국해서도 단원 활동을 계속했다. 이같은 잡지의 성격 때문인지 《삼천리》가 만들어놓은 몇 가지 허구를 짚어내며 사실을 바로잡고자 한다. 그럼에도 불구하고 이 글 역시 제목과 내용에서 대중잡지다운 통속성을 기본으로 하고 있는 것은 한계다.

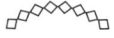

인도 청년과 가약 맺은 채
세상 떠난 슬픈 사랑

아까운 의외의 부고

여러분은 4월 스무사흘 날 C신문을 보셨습니까? 거기에는 최영숙 양이 서울 동대문 부인병원의 쓸쓸한 병실 한 모퉁이에서 피를 토하면서 자기 애인인 인도 청년 마하드 젠나 씨를 마지막 부르다가 목이 쉬도록 부르다가 그만 맥이 진하여 저 세상으로 영원히 흘러갔다는 슬픈 기별이 실려 있었습니다.

4월 스무사흘 날이라면 장안의 재주 있는 젊은이들은 손에 손목을 마주 잡고 창경원 밤 벚꽃 구경으로 갈팡질팡할 때가 아니오리까. 또 오늘은 우이동으로 밀회 가고 내일은 한강으로 보트 타러 짝을 지어 흩어질 때가 아니오리까.

달 밝은 밤 서울 장안이 바야흐로 삼춘가절三春佳節의 행락을 누리기에 고요히 무르녹고 있을 이때에 최양만은 일대 가인의 몸으로 이팔청춘을 써보지도 못한 채 남겨두고, 더구나 애인인 인도 청년이 바야흐로 고국 봄베이 시를 출발하여 인도양의 거친 파도를 가르면서 수만 리 조선반도에 최양을 만나러 온다는 반가운 기별이 있는 이때에, 아하 소리 없이 흩어지는 새빨간 한 떨기 동백꽃 모양으로 한 많은 이 세상에서 외롭게 자취를 감추었다는 것이 얼마나 우리들 청춘 동배에게 애닯고 슬픈 기별이 되리까.

그가 죽을 때 북악산의 불여귀나 울어주었던가. '저 세상에서는 여인의 몸으로 태어나지 말라'고 지나던 어느 과객이 있어 백낙천의 글귀나 불러주었던가. 외국 유학 10년 만에 귀국한 그를 빈약한 조선 사회는 박대하다가 옥 같은 그 얼굴, 하늘이 내린 뛰어난 재주를 한 번도 발휘하지 못하게 하고 아주 보낸 것입니다.

우리는 지하의 영혼을 조문하는 동시에 세상에도 드문 그의 슬프고도 애달픈 인도 청년과의 연애사를 얽기로 합니다.

무대는 스웨덴으로

연애의 무대는 멀리 풍광명미風光明眉하기로 세계의 낙원이라 하는 스웨덴 스톡홀름 대학 정치경제과 제2호 교실로 옮아갑니다. 그 교실에서는 지금 국제공법國際公法의 세계적 권위라 하는 노박사 그라치 씨가 성성한 백발을 휘날리면서 국제연맹 소속 국제재판소의 조직과 임무를 강의하고 있습니다. 노박사의 강연을 듣고자 멀리 이탈리아와 프랑스에서 젊은 교수들이 많이 와서 머물고 있거니와, 더욱 주목을 끄는 것은 장차 고국의 운명을 개척하기 위해 큰 희망을 품고 이곳에 와 유학하고 있는 인도와 필리핀의 청년 학생들이외다.

이 여러 학생들 틈에 조선 사람으로는 단 한 사람 최영숙 양이 아담한 나리꽃 모양으로 고개를 갸우뚱하고 열심히 강의를 듣고 있었습니다.

바로 그것은 제1학기가 거지반 끝나는 토요일 오후 2시였습니다. 일찍 학과를 마친 스톡홀름 대학 학생들은 떼를 지

스톡홀름 대학에 위치한 노벨 물리화학연구소.
1909년에 건립되었으며, 지금은 스톡홀름 대학
학생회 건물로 쓰이고 있다.

어 바로 고개 하나 넘으면 있는 이젠자 호숫가로 원족을 갔답니다. 아마 여러분도 모리 오가이森鷗外가 번역한《호수 위의 미인》이란 소설을 보셨으면 알려니와, 호숫물은 과연 기름을 흘린 듯 파란 경치 좋은 호수였습니다. 세상에 절경이라 하니 이에서 더 아름다운 미관이 어디 있었겠습니까.

필리핀 학생과 인도 학생과 조선 학생은 어째 그런지 늘 동무하여 지냈답니다. 그날도 최영숙 양은 인도 남학생과 함께 보트를 타고 저쪽 바위 있는 강변으로 노질하여 갔답니다. 그러다가 배가 바위 사이를 스쳐갈 때에 그만 배의 한쪽이 쑥 내민 바위에 걸치면서 아차차 하는 사이에 전복되고 말았답니다.

저쪽 강변에서 이 모양을 바라보던 여러 학생들이 놀라서 소리칠 뿐 어쩔 줄 모르고 있는 때에 그 인도 청년은 물에 뛰어들어 그를 안아 내었답니다. 그리고 잔디밭에 누이고 새 옷을 갈아입히고 의사를 불러 그를 극진하게 간호하였더랍니다. 최양은 30분이나 지났을까 할 때에 겨우 제정신에 돌아갔습니다. 정신이 들어 눈을 떠 보니 평소에 호의를 갖고 오던 그 인도 청년이 자기를 안고 있다가 수줍은지 다시 잔디 위에 내려놓더랍니다.

비록 남녀 공학으로 공부하는 대학이라 할지라도 피차에

이성의 육체를 만지기는 영영 없는 일입니다. 최양은 처음 이성의 품에 안겨보았고, 그 청년 역시 이 세상에 나서 아마 처음으로 최양의 실신한 육체를 안아본 듯하였습니다.

이것이 인연이 되어 그제부터는 흰 눈이 하늘과 땅에 가득할 때 스키 동무가 되어 뒷산을 올랐고, 달 밝은 밤이면 호숫가 수풀 사이를 남의 눈을 피해가면서 거니는 사이가 되었습니다.

만리이역에서 불붙는 이국 청년과의 사랑! 노들강변에 쫑기쫑기 떠다니는 백구白鷗 한 쌍을 상상하면 틀림이 없을 것이외다. 최영숙 양은 조선에서 가장 긴 강인 압록강 물로 그 사랑이 길고 끝 간 데를 모르기를 맹세하였고, 인도 청년은 히말라야 산맥의 흰 눈으로 영원히 두 사람 사이의 사랑이 변치 말기를 맹세하였습니다.

그 때 최영숙 양의 일기 한 구절을 소개하지요.

"스웨텐은 눈雪의 나라입니다. 스웨텐의 설경은 다른 곳에서 찾아볼 수 없는 아름다운 경치라고 생각합니다. 눈이 몹시 쌓인 그 위를 그와 손을 잡고 스키 타려 다니던 일! 호숫가에 우거진 꽃을 젖히고 푸른 잔디가 쭉 깔린 넓은 들을 거쳐 물 맑은 호수를 찾아다니던 일도 모두가 다시 돌아오지 못

할 예날의 기억으로 사라지지 않을까 함에 끝없이 안타까
울 뿐입니다."

'재미있는 시간은 가는 줄 모르게 흘러서 재미있던 …'
그 아래는 너무 정열적의 문구가 있기에 생략합니다. 그 청
년이라 함은 마하드 젠나라는 스물아홉 살 되는 인도 학생이
었습니다.

애인은 인도로

그 뒤 여섯 달이 지난 1930년 9월 국민회의파를 제외한 인도
대표 다수가 영국 인도 원탁회의에 참석하기 위해 영국 런던
으로 건너갔습니다. 항상 조국의 운명에 열렬한 정열을 가지
고 있던 인도 청년 마하드 젠나는 조국의 풍운이 급박하여 졸
업을 몇 달 앞두고 런던으로 달려갔습니다. 들리는 말에 의하
면 그곳에서 많은 활약을 거듭하다가 그 길로 다시 스웨덴으
로 돌아오지 못하고 인도로 갔더랍니다.

최양에게는 유럽 배편마다 피가 끓는 편지가 왔더랍니
다. 이렇게 만리에 떨어져 여러 달을 상사相思하면서 지내다

가, 최양마저 그 이듬해인 1931년 4월 우수한 성적으로 그 대학을 마치고 영광스러운 경제학사의 학위를 얻어 10년 만에 고향으로 돌아오는 길에 올랐더랍니다.

그는 빠르고 편한 시베리아 철도편을 이용하지 않고 일부러 프랑스의 마르세유 항구를 거쳐 인도양으로 가는 배에 올랐습니다.

봄베이 중앙정거장에서 오랫동안 상사하던 두 사람이 반가이 악수하면서 만난 것은 그 뒤 삼주일 뒤였습니다. 최양은 거기에서 애인과 아침저녁으로 만나면서 인도 사회의 정치운동과 사회사정을 연구하였습니다. 특히 국민회의파의 중심세력인 이슬람교 조직을 알기에 힘썼습니다. 그 청년이 이슬람교도이므로 이에 대한 많은 지식을 쉽사리 얻을 수 있었답니다.

인도 체재 3개월 후 최양은 뒷날 조선 서울에서 애인을 만나 정식으로 결혼식을 거행하기로 굳게 약속하고 프랑스령 인도차이나를 거쳐 귀국 길에 올랐습니다. 남경에 들렀다가 상해에서 나가사키 가는 일청기선을 집어타고 정든 서울에 도착한 것은 아마 신문지상의 소식을 통해 여러분도 잘 아실 줄 압니다.

여기에서 최영숙 양의 가정을 잠깐 소개하겠습니다. 그의 집안은 말할 수 없이 가난에 쪼들렸습니다. 섬 차리는 사람이라고는 20 남짓한 그의 남동생 하나가 있었으나, 그 역시 정신병에 걸려 아침저녁으로 헛소리만 하고 다니고, 당상堂上에는 머리가 하얗게 센 육순에 든 늙은 아버지가 있었습니다. 최양은 쓸쓸한 이 가정에서 외로운 생활을 보냈습니다. 목전에 안타까운 일은 그가 자기 집안의 생활을 두 어깨에 짊어져야 하는 일이외다.

그래서 10년간의 외국 유학에서 얻은 지식을 팔기로 나섰으나 조선 사회는 아직 인텔리 여성을 수용하기에 여유가 없었습니다. 어학 교수 노릇을 하려고 애썼으나 그도 불가능하였고, 서울 어느 학교에 교사로 취직하려다가 문부성의 교원 면장免狀 관계로 그도 불가능하였고, 나중에 모 신문사 기자로 입사하려고 운동하다가 그도 여의치 못하였습니다. 마지막에 할 수 없이 낙원동에 있던 여자소비조합을 인계하여 사람의 내왕이 많다 하는 서대문 밖 교남동 큰 거리에 조그마한 상점을 빌려서 장사를 시작하였습니다. 그래서 배추포기, 감자, 마른 미역줄기, 미나리단, 콩나물을 만지는 것이 스톡홀름 대학 경제학사 최영숙 양의 일상직업이 되었답니다. 그런데 자본이 없는 일개 구멍가게로 어떻게 한 집안 생활비가 나오리까. 오직 최양은 살을 깎는 듯한 경제적 곤란을 당하고 지냈을 뿐입니다.

결혼식을 앞두고

그런데 여기에 뜻하지 않은 사건이 생겼습니다. 그것은 인도에 있을 때에 최양이 애인 마하드 젠나 씨의 사랑의 선물을 받은 것이외다. 그런 줄을 모르고 있다가 최양의 배가 한 치 두치 불어 오르고 신것 단것에 머리를 돌리는 광경을 보고 그 어머니가 물은 결과, 최양은 인도 청년과 백년가약을 맺었고 어린애를 밴 지 여러 달 되었는데, 해산하기 전에 그 청년이 조선으로 와서 정동예배당에서 결혼식을 거행하기로 되었다는 말을 하였습니다. 완고한 그 부모가 깜짝 놀라 노발대발한 것은 물론이었습니다.

인도 청년! 얼굴이 까맣고, 눈동자는 크고 희고, 타국인이고… 결국 태어날 아이도 조선 아이들과는 달리 살빛이 까맣고, 이빨은 희고, 우는 소리도 다른 튀기 아이…

부모는 한사코 결혼을 반대하였습니다. 그러나 최양의 철석 같은 뜻을 꺾을 길이야 있었으리까.

영원히 해소할 수 없는 두 직선이 되어 일생을 두고 교차하여 보지 못할 모녀의 사상과 감정! 여기에 비극이 움트기 시작하는 것이외다.

이럭저럭 하는 사이에 1932년 3월이 닥쳐왔습니다. 최영숙 양은 인도인의 씨인 아이를 낳았습니다. 무어라고 이름 지으며 또 어떻게 젖을 먹일까 하고 근심하는 사이에 그만 산 후의 조섭이 불량하였는지 간난아이는 열이 나고 수일 동안 앓더니 끝내 아버지 얼굴조차 보지 못하고 죽고 말았습니다.

최양의 애통함이야 여간 하였으랴. 침식을 잊고 며칠을 지내다가 그만 자신이 덜컥 병이 들어 동대문병원에 입원하였던 것이 10여 일 전인데, 의사의 말 모양으로 아마 심장염이 파란 많은 30 청춘을 고요히 덮은 듯합니다.

그의 유해는 쓸쓸한 장례 행렬에 싸여 4월 25일날 수철리 공동묘지의 한구석에 파묻히고 말았습니다.

전보를 받은 인도 청년 마하드 젠나 씨는 과연 조선으로 시체나마 보려고 출발하였는가?

한 많은 한 줌의 흙

딴말이나 최양의 경력을 소개하는 것으로 그의 이 땅에서의 마지막 자취를 거두려 합니다. 최영숙 양은 서울서 이화학당 고등과를 우수한 성적으로 마친 뒤 중국에 들어가 남경 여학교에서 문학과 철학을 4년 동안 공부한 뒤 스웨덴이 유학하기 좋다는 말을 듣고 그 길로 유럽으로 갔던 것이외다.

그는 불행히 빈한한 가정에 태어나서 전후 칠팔 년 동안 외국에 유학할 때에도 오로지 고학으로 지냈다 합니다.

영문으로 된 유고도 있으므로 앞으로 이《삼천리》잡지에 발표하겠거니와 어쨌든 "꿈속의 혼백이 오가는 길에도 발자국 남는다면, 님의 집앞 자갈길은 하마 모래 되었으리"若使夢魂行有跡, 門前石路半成砂(조선 중기 여류 시인 이옥봉의 시구-편집자 주)니, 밤마다 꿈에 그리던 애인을 이제 구만리 저 하늘에 올라서는 마음껏 인도 하늘로 훨훨 날아가서 끝없는 정서를 풀고 지내는가.

맹세하던 압록강 물은 지금도 양양히 구품쳐 흐르고 히말라야 산 위에도 천고불변하는 백설이 가득하건만, 최영숙 양 혼자 너무도 빨리 먼 곳으로 갔구려.

—《삼천리》 1932.5.1

*

《삼천리》는 일제강점기를 대표하는 대중잡지다. 그래서일까. 《삼천리》는 최영숙을 이색적이고 통속적인 연애의 주인공으로 만들어버렸다. 문제는 이 글이 근거 없고 교묘한 사실의 왜곡에 기반하고 있는 점이다. 스웨덴에서 인도 청년 마하드 젠나와 연애 시절을 보낸 것으로 천연덕스럽게 사실을 바꿔치기하는가 하면, 최영숙의 인도 방문을 애인을 찾아간 것으로 윤색해버린 것이다. 그리하여 얼굴 까만 외국인과의 낯선 연애와 '처녀'의 몸으로 '튀기' 아이를 임신했다는 자극적인 내용을 소재로 대중의 시선을 끄는 한 편의 통속소설을 완성함으로써, '나라에 사용될 몸'이 되기 위해 이역만리에서 불철주야 학문에 정진했던 선각자의 모습은 찾아볼 수 없게 되었다.

원래의 제목은 〈인도 청년과 가약 맺은 채 세상 떠난 최양의 비련悲戀: 스웨덴 경제학사 최영숙 양 일대기〉.

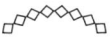

애도哀悼 최영숙 씨

스웨덴 대학 출신의 여류 경제학사 최영숙 씨가 애석하게도
얼마 전에 자택의 일실에서 애인의 이름을 부르면서 29살의
청춘을 일기로 하고 창공에 떴던 한낱 유성이 소리 없이 사라
지듯이 아깝게 저 세상으로 자취를 감추었다 함은 지난번에
자세히 보도한 일이어니와, 이 비보를 들은 그 인도 청년은 조
선에 오기를 중지하고 창공을 향하여 오직 애인의 영혼을 위

로하면서 애통하게 지낸다는데, 그 인도 청년으로 말하면 아버지는 조선 사람이요, 어머니는 인도 여자로 국제결혼 속에서 출생한 분인바 본명은 노씨라고 한다. 물론 인도에 입적하였으니 인도인이라.

최영숙 씨와는 열애하는 사이가 되면서부터 인도 봄베이 시에서 정식으로 결혼식까지 거행하였다. 그러므로 최씨는 양嬢은 아니고 여사女史로, 아이 낳은 것도 떳떳한 일이다.

듣건대 스웨덴 대학을 마치고 인도에 이르러 애인을 만났을 때 그 인도 청년은 오래오래 인도에서 결혼 생활을 할 것을 주장하였으나, 최학사는 "애인은 이 세상에서 두 번 만날 수 있으나 부모야 한 번 돌아가시면 다시 뵈올 수 없으니…" 하는 지극한 효심으로 애인과 잠깐 이별하고 귀국한 터이었다. 그 뒤에도 인도 청년으로부터 누차 오라는 기별이 오고 돈도 가끔 왔었다고.

그러면 그 인도 청년은 무얼 하는가. 그 아버지 되는 조선인 노씨는 수십 년 전에 인도에 가서 무역상을 경영하던 분이라는데 아마 부업父業을 그냥 계승하고 있다고 하데.

최영숙 씨 집안도 원래부터 그렇게 가난하였던 것은 아니고, 그 아버지 되는 이는 신실한 기독교 신자로 교회의 중요한 직임까지 맡고 많이 활동하는 한편, 어상魚商을 하다가 한 해 겨을 명태 시세가 크게 폭락하면서 그만 장사에 실패하고 그제부터는 픽이나 곤궁하게 지내었는데, 들리는 말에 최 학사가 너무 빨리 작고한 것은 돈 때문이었데. 최근 그는 매우 힘든 업무에 매달리느라 휴양을 해야 할 상황인데 돈의 여유가 없어 육신이 말할 수 없이 피로해진 것이 가장 큰 원인이었다 한다. 그도 그럴 것이 최근 박인덕, 황애스터 씨 등과 함께 농촌학교와 농촌 여성 문화운동을 일으키고자 농민학교에서 쓸 교과서를 최씨가 맡아 편찬하느라고 늘 도서관에 들어가 있었는데, 대개 아침 저녁을 충분히 먹지도 못하고 그리하였다는바, 이 때문에 그와 절친한 임효정 씨는 가난이 아까운 최 학사를 죽였다고 여간 애통해하지 않는 터이다. 실로 조선 사회는 재주 있는 사람을 대함에 너무 박하고 너무 무정하다.

—《삼천리》 1932.5.15

*

최영숙의 죽음을 한 편의 신파극으로 만들었던 《삼천리》는
보름 후에 발간된 다음 호의 '하일야화'夏日夜話〈애도 최영숙
씨〉라는 기사에서 다소 정정된 태도를 보이고 있다. 인도 청
년의 아버지를 조선인 노씨라고 서술한 것과 그들이 인도에
서 정식 결혼식을 올렸으니 아이를 낳은 것은 떳떳한 일이라
는 바뀐 시선이 눈에 띈다. 최영숙의 사인을 곤궁한 생활 속
에서 잘 먹지도 못하면서 농민운동을 위한 사업에 몸을 혹사
한 때문이라고 한 것도 큰 변화다.

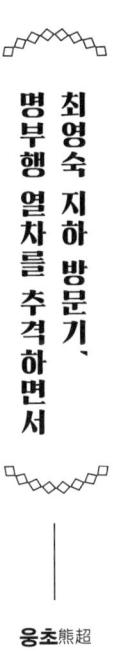

최영숙 지하 방문기, 명부행 열차를 추격하면서

웅초熊超

명부행冥府行 특급열차로 여류 경제학사 최영숙 여사가 이 생의 국경을 탈출하기는 불과 32분 전 일이었다. 동대문부인병원에서 여행권 수속을 해가지고 잠시 집에 들러 보지도 못하고 오전 11시 차로 출발한 것이다.

시속 80마일 되는 열차를 추격하려면 적어도 미국서 주

문해온 경주용 자동차 골든 애로golden arrow 호로 한 시간 이상 달려야 될 것이다. 기자는 배달해온 설렁탕 한 그릇을 두어 숟가락 뜨는 둥 마는 둥 선뜻 그것을 집어타고 속력을 놓아 열차의 뒤를 따랐다. 평탄대로를 화살같이 달리며 요행히 중도에 아무 고장이나 없었으면 하고 바랐다.

생사의 분수령인 북망산맥의 대준령이 가로놓여 있는 국경 지방은 벌써부터 검은 구름이 자욱하고 주먹 같은 빗방울이 뚝뚝 떨어졌다. 자동차의 조명등을 밝히고 얼굴에 빗방울을 맞아가며 20분 후에 국경에 도달하였다. 오전 11시 58분, 한낮이건만 지척을 분별할 수 없이 캄캄하였다.

정지STOP를 외치는 세관 관리를 따라 촛불이 희미하게 깜박깜박하는 사무소를 들어섰다. 주머니에서 패스포트(여행권)을 내보이고 다시 기자의 명함을 내보이며 앞서 간 열차의 추격을 말하였더니 온후한 세관 관리는,

"한번 이 국경을 넘어서면 다시 돌아올 수 없는 길이니, 아무리 직업이 기자라 할지라도 이런 모험은 그만두는 것이 어떨까요?" 한다.

"예, 염려 마십시오. 조건부 여행이요, 상당한 준비가 있으니까 문제가 없으리다."

"그래도 그렇지 않다니까요."

나는 세관 관리의 걱정하는 말을 귓결에 지나치며 자동차를 집어타고 국경선을 넘어섰다. 북망산에서 죽음나라의 길은 급경사의 비탈길이었다. 자동차는 원래의 속도에 더하여 미끄러지는 힘으로 나는 듯이 달렸다. 앞에 나타나는 시야, 그것은 우리가 일찍이 듣도 보도 못한 형언할 수 없는 독특한 정경으로 나타났다. 나는 듯이 달리는 자동차였지만 그 비탈길이 얼마나 길었던지 도무지 끝나지 않았다. 북망산의 원래 높이 이상을 내려갔는데도 비탈은 여전하였다. 내려갈수록 기압 관계로 호흡이 곤란해지는 동시에 독한 담배나 피운 것같이 정신이 아찔아찔해졌다.

　얼마를 달리다가 문득 보니 서쪽으로부터 뻗어 나온 찻길이 보였다. 그리고 시커먼 전신주가 전선줄도 없이 우뚝우뚝 서 있었다. 아마 그것이 이승과 저승 두 나라 사람이 서로 꿈속에서 소식을 통하는, 즉 한 가지 통신망인 것 같다.

　철도길을 따라 달린 지 두 시간 십 분, 예정보다 한 시간 이상 늦게 최씨가 탄 명부행 열차의 파란 인광燐光 레일 라이트(맨 뒤에 단 등)를 발견하였다(이승에서는 적색이지만).

　그때의 기쁨이란 어떠하였으리오. 불과 1분 후에는 그 열차를 완전히 추격하였다. 자동차의 속력을 80마일로 내리고 맨 뒤차 일등 침대를 따르며 소리쳤다.

"최선생- 최선생-"

창 밖에서 들리는 이상한 소리에 승객들은 일제히 벌떡 일어나서 창을 열고 내다보았다. 모두들 열차를 뒤쫓고 있는 나의 행동이 퍽 이상한 모양이었다. 그때 한 창문에서 최씨가 머리를 내밀더니 기자를 보고,

"이게 웬일이십니까? 아니 어째 이렇게 쫓아오셨어요?"

천만 뜻밖의 일이라 놀라는 것도 무리가 아니었으리라.

"잠깐 여쭈어 볼 말이 있어서…"

보통의 기자 말투로 이렇게 대답하니 최씨는,

"호호호, 참 저널리스트란 할 수 없군요. 여기가 어디라고 쫓아오셨습니까?"

"명기자가 되려면 이만 일을 안해서 되겠습니까. 고단하실 테니까 잠깐만 이렇게 실례하겠습니다. 묻는 대로 선뜻선뜻 대답해주십시오. 자동차 개솔린이 다 없어졌다가는 오도 가도 못하고 큰일날 것입니다."

"그래 무슨 말이에요, 호호호."

"여자상업학교에 계신 임효정 씨와 같이 중국 유학하신 것이 사실입니까?"

"그렇습니다. 임씨와 나는 참 친한 사이니까요."

"그 후 어떻게 하셨습니까?"

"같이 고학이라고 하다가 할 수 없이 서로 갈려 임씨는 동경으로 가서 영문학을 연구하고, 나는 남경 회문여자중학교에서 공부하였습니다."

"그 후 선생은 바로 스웨덴으로 건너가셨던가요?"

"네, 그 학교를 마치고 바로 스웨덴으로 가서 그 나라 수도인 스톡홀름에서 대학을 마쳤는데 거기서 연구한 것이 경제학입니다."

"네, 그러면 세상에서 말하는 것과 틀림이 없습니다. 그런데 선생이 홀연히 이 길을 떠나신 후 세상에서 선생에 대한 별별 소문이 다 많더군요. 가령 말하면 인도인과의 연애 문제 같은 것으로…"

"호호호, 말썽 많은 세상이니까 그렇기도 하겠지요. 대체 무어라고들 그래요?"

"날더러 물으실 게 아니라 인도인과 운운하는 것은 사실입니까? 선생이 먼저 말씀해주십시오. 아차차 저기 터널이 있습니다. 바로 가십시오. 조금 있다 만나겠습니다."

나는 열차를 떠나 방향을 바꾼 다음 산길을 넘어 잠시 후에 다시 만났다.

"꽤 긴 터널이겠습니다. 산이 이렇게 커서는."

"꽤 긴데요."

"아까 물은 말에 대답하십시오."

"폐일언하고 자초지종을 말하자면 이렇습니다. 인도인이라는 그이는 아버지가 조선 사람이요, 어머니가 인도인입니다. 그런데 내가 스웨덴에서 학업을 마치고 고국으로 돌아오는 길에 유럽 각국을 돌아 다시 이집트로 갔습니다. 돈 한 푼 없이 벌어가며 하는 여행이라 고생이라니 그런 고생이 어디 있겠습니까.

그런데 이집트에서 동양으로 향할 때는 더 한층 그 고생이 절정에 달한 때였습니다. 기선에도 제일 하등인 삼등보다 더 못한 등급이 있습니다. 거기에 몸을 싣고 보니 밤이나 낮이나 화물창고 같은 그 속에서 뭇 사내들 틈에서 견뎌 날 수 있습니까. 선원에게 애원하다시피 하여 갑판 위에서 담요 하나 들고 밤낮을 거기서 지내게 되었습니다. 그러고 보니 그 꼴이 어떻겠습니까. '한 푼 줍쇼' 소리는 안하더라도 길거리에 주저앉은 거지와 같았을 것 아닙니까. 더구나 그때 과로하고 번민한 탓이겠지요, 병까지 생겨서 말이 아니었습니다. 그때 갑판 위를 오락가락하는 사람들은 나를 가지고 별별 소리를 다 하였습니다. 저 여자가 어디 여자냐? 일본 여자다, 하여간 동양 여자로 윤락의 길을 전전 방랑하면서 몸을 파는 여자다, 별의별 소리를 다하지요.

그때 그 인도인, 실은 조선 사람입니다만, 그 사람은 같은 동양인으로 서양 놈들이 푼수없이 지절거리는 소리가 퍽 귀에 거슬렸던지 한 번은 나에게 와서 물었습니다. 그리하여 내가 조선 사람인 것을 알고 그가 다시 한 번 놀라며 자기도 조선인의 피를 받아가지고 있는 것을 말해주었습니다. 그는 퍽이나 내게 호의와 동정을 갖게 되었습니다. 그이의 호의로 나는 등급을 고쳐 일등 선실로 몸을 옮겼습니다. 내가 인도에 이르렀을 때 또 병이 더쳤습니다. 그러나 그 사람의 정성으로 병이 모두 나았습니다. 그리하다가 그가 나에게 여러 가지로 호의와 열정을 가졌던데다 그가 온순하고 정직하며 씩씩한 것을 믿고 결혼하기까지에 이르렀습니다. 그때 그의 나이 26세, 내 나이 25세 때 결혼 수속을 완전히 마쳤습니다. 그 사람의 성은 노盧, 이름은 로이Roy입니다. 즉 영어식으로 불러 로이, 로라고 하지요."

"이승의 나라를 떠나실 때 이미 아기를 배셨다는데 사실입니까?"

"사실입니다. 그렇기 때문에 내가 고국을 찾아온 후에도 그에게서 편지가 왔습니다. '나는 불행히 조선말을 모르니 애기가 자라거든 영어 공부를 많이 시키시오. 후일 부자가 서로 만날 때 언어가 통하지 못하면 되겠소? 나도 될 수 있는 대로 모든 것을 정리하고 (조선으로) 가리다'하였습니다. … 선생님, 이 아이가 바로 우리 애입니다."

차창 밖에서 목을 늘여 기웃이 들여다보니 과연 침대 위에 생후 몇 시간 못 되는 간난아이가 고이 잠들어 있었다.

"아, 잘생겼습니다. 산후조절을 잘하셔야지요."

"아무렇지도 않아요. 평소와 조금도 다름이 없는데요."

"인도에서 결혼하실 때 결혼증명서가 있다고요?"

"아이 참 그렇게까지 얘기할 것이 무엇입니까? 나와 그이 사이에 관한 사실이며 결혼증명서 같은 것은 모두 임씨에게 두고 왔습니다."

"그건 그렇다 하고 모든 것을 포기하고 이 길을 떠나신다면 남편 되시는 분이며, 부모 형제며, 우리 일을 위하여 어떻게 하시겠습니까?"

"휴우ー 할 수 있습니까? 내가 가고 싶은 길을 떠나는 것도 아니겠고, 그야말로 부득이한 사정으로 떠나게 된 것을 어떻게 합니까? 과학을 연구했느니 하는 냉정한 사람도 결국은 사람으로서의 감정은 가지고 있습니다. 남편을 두고 세상일을 못하고 이 길을 떠나는 사람의 마음이 어찌 예삿일로 마음 아프고 눈물 나는 데 비하겠습니까만, 할 수 있습니까. 내가 이 길을 떠나고 싶어 떠나는 것은 아닙니다. 어쩔 수 없이 떠나지 않으면 안될 사정이 있는 것입니다. 어느 누구를 물론하고 이 부득이한 사정을 잠시라도 물리칠 도리는 없을 것입니다. 떠나기 싫어도 떠나지 않고 못 배기는 것이 이 나라의 절대적 매력, 아니 명령이겠지요. 이러한 명령을 왜 이 나라 군주가 나 같은 젊은 몸에 내리셨습니까?"

최씨는 갑자기 손수건을 내들고 일장통곡을 하였다.

"너무 과도히 그렇게 상심 마십시오. 그러면 도리어 선생이 먼 길 떠나시는 데 몸만 불편하실 텐데…"

"그렇습니다. 나도 그것을 압니다. 생각하고 싶지 않고 생각나지도 않지만 선생님을 뵙고 보니 갑자기 이런 생각이 나는군요."

잠시 동안 우리는 말없이 잠잠히 있었다. 열차의 강철 바퀴 소리, 앞에서 끄는 기관차의 연기 뿜는 소리, 그리고 자동차의 폭음 소리가 새삼스럽게 요란히 들리었다.

열차가 기적을 울리다

"요 다음이 무슨 정거장입니까?"

최씨는 겨우 고개를 들더니 생긋이 웃으며,

"네, 지옥 정거장입니다. 이 특급열차는 단테가 말한 지옥, 연옥, 천국이란 세 정거장에서밖에는 정차하지 않습니다."

"그럼 선생께서는 아직도 가실 길이 멉니다 그려."

"글쎄올시다. 그러나 정 괴로울 때는 중간에 잠깐 내렸다가 몸조섭이나 하고 갈지 모릅니다. 정거장은 셋이라도 그 중간이 얼마나 멉니까!"

"이제 가시면 엘렌 케이 여사를 만나시겠습니까?"

"아마 만나게 될 것입니다. 내가 중국에서 스웨덴으로 향했을 때 실상은 여사를 여간 사숙私淑한 게 아닙니다. 그렇기 때문에 스웨덴까지 갈 생각이 들었습니다만 급기야 가보니까 며칠 전에 벌써 이 나라로 떠났다더군요. 그러나 그의 사상을 좀 더 연구한 후부터는 그의 사상을 나의 머리 가운데서 완전히 청산해버렸습니다."

"네, 그렇습니까? 앞으로 경제에 관해 전같이 연구를 계속하시겠습니까?"

"원 별 말씀도 다 하십니다. 이런 데서 무슨 경제 연구예요. 공연히 희롱을 하십니다 그려, 호호호…"

나는 따라 웃었다.

"자- 최선생, 이만 실례하고 가겠습니다. 부디 안녕히 가십시오. 그리고 가시거든 먼저 가 계신 여러 동포들에게 안부

전해주십시오."

"돌아가시겠습니까? 아이, 참 섭섭합니다. 언제쯤 오시겠습니까?"

"글쎄올시다. 한 번은 꼭 가겠습니다만, 요새 같아서는 일이 바빠서 몇십 년 더 있어봐야 알겠습니다."

나는 한 손으로 모자를 벗어 작별 인사를 마치고 핸들을 돌려 자동차의 머리를 정반대 방향으로 돌렸다. 최씨가 흰 손수건을 흔들며 "안녕히 돌아가십시오" 하는 소리에 고개를 돌이켜 한 번 다시 꾸벅하고, 오던 길을 좇아 자동차의 속력을 있는 대로 내어 달렸다. 헤드라이트가 비추어 주는 길을 따라 나는 휘파람을 불며 달렸다. 오후가 된 이 나라에서는 벌써부터 등잔불을 밝힌 모양이었다. 파란불이 이승에서 본 중천의 별과 같이 광막한 어둠의 벌판 여기저기에 깜박거리고 있었다.

내가 탄 골든 애로 호는 최씨를 작별한 지 세 시간 후에야 국경에 도달하였다. 맞은편 이승 나라는 그때 첫 새벽 모양으로 희미한 빛에 싸여 있었다. 아직도 해가 저물지 않은 것이 사실이다.

국경선을 막 넘어서려 할 때 경비병이 총소리 한 방을 탕- 터트리고 나에게 스톱을 외쳤다.

"왜 이 길로 되돌아와-"

"누구를 만나고 오는 길인데…"

"잔말 말아. 저것을 못 보니-"

경비병 녀석이 총대를 겨누어 어떻게 딱딱하게 구는지 정신이 없다. 한 놈이 손가락질하는 곳을 좇아 길옆에 서 있는 팻말을 바라보았다.

"이승 나라에서 국경을 넘은 자는 다시 이 국경을 절대로 넘지 못한다. 이 법규는 아무리 위대하고 세력 있는 자도 어기지 못한다. -염라대왕."

나는 패스포트를 내보이며 거기에 붙어 있는 특별 부전을 가리켰다. 그 부전에는 오직 이 여행자에 한하여 국경을 넘되 한 시간 이내에 한하여 국경을 되넘을 수 있다 하였고, 끝에는 이승 나라 법왕의 사인과 염라대왕의 서명까지 있었다.

"자- 이것을 보고 말하시오."

경비병들은 패스포트의 특별 부전을 한참 들여다보고는 암만해도 이상하다는 듯이 서로 얼굴을 마주 바라보며 중얼거렸다.

"이런 일은 한 번도 없었는데."

"없으면 이게 어디서 난 것이란 말이오?"

나는 뒵데 한 번 강경히 대들었다. 그러다가 다시 슬쩍 농

내 사랑 받기를 허락지 않는다

176

쳐가지고 이번 일에 대한 이유를 알아듣도록 말하니, 그제야 대강 양해를 하는 모양이었다. 나는 자동차를 다시 몰아 국경을 넘었다. 북망산 준령을 거의 넘었을 때 날이 차차 개었다.

나의 영예스러운 골든 애로 호가 종로 거리를 달릴 때는 그날 바로 오후 다섯 시, 늦은 봄 밝고도 따뜻한 일광 아래 늙은이와 젊은이들이 여전히 꿈속에서와 같이 헤매고 있었다.

아이들이 떠드는 중에 눈을 떠보니 일장춘몽—

"온 저런 놈들 봤나. 왜 저리 떠들어."

—《별건곤》 1932.6

*

《별건곤》은 《삼천리》보다 오히려 더 통속성이 짙은 잡지였다. 이 같은 매체에서 최영숙의 죽음에 대한 진지한 성찰을 기대하기는 무리다. 웅초熊超라는 필자는 명부행 열차를 타고 떠난 최영숙을 경주용 자동차를 타고 뒤쫓으며 인터뷰하는 소설적 구성을 선보인다. 형식부터가 흥미 본위인 것이다. 질문 역시 인도인과의 연애와 임신이 중심이다.

글

그리운 옛날 학창시대-스웨덴 대학생 생활	《삼천리》	1932.1
인도 유람	《조선일보》	1932.2.3~2.7
간디와 나이두 회견기	《삼천리》	1932.1
김산 형, 아뢰옵니다	《조선일보》	1928.4.10
여성들이 자유로운 세상을	《동아일보》	1931.11.29
귀국 소감과 포부	《조선일보》	1931.12.22
역경에 처한 조선 여성을 위해 일할 결심으로	《신동아》	1932.2
대중의 단결	《동광》	1932.1
스웨덴 가정의 감복할 시간경제	《동아일보》	1932.1.3
영구성과 단결 위해 경제생활의 토대를 구비하자	《동아일보》	1932.1.3
어떠한 경제학이 정당한가	《삼천리》	1932.2
금강산이 보고 싶다	《삼천리》	1932.3
외국 여성의 삶과 여성 문제	《삼천리》	1932.4
최영숙 일기	《제일선》	1932.5
	《동광》	1932.6
스웨덴에서 사회학을 배우려고 하얼빈 시를 통과한 최영숙 양	《동아일보》	1926.7.23

구십춘광九十春光을 등지고 《조선일보》 1932.4.25

청춘에 요절한 최영숙 애사哀史 《제일선》 1932.5

경제학사 최영숙 여사와 인도 청년과의 《동광》 1932.6
　　　연애 관계의 진상

인도 청년과 가약 맺은 채 세상 떠난 슬픈 사랑 《삼천리》 1932.5.1

애도哀悼 최영숙 씨 《삼천리》 1932.5.15

최영숙 지하 방문기, 명부행 열차를 추격하면서 《별건곤》 1932.6

사진/그림

19쪽 ⓒHarald Olsen

35쪽 ⓒMyers Brothers

66쪽 ⓒHanna Pauli

90쪽 《조선일보》 1928.4.10

99쪽 《매일신보》 1931.11.26

151쪽 ⓒI99pema

1906   경기도 여주에서 출생.

1914   여주공립보통학교 졸업.

1917   이화여자고등보통학교 입학.

1921   이화여자고등보통학교 졸업.

1922   이천 양정학교 교사.

       중국 남경 명덕학교 입학.

1923   중국 남경 회문여자중학교 입학.

1924   흥사단 입단.

1926   회문여자중학교 졸업.

       스웨덴행.

1927   스톡홀름 대학 사회경제학과 입학.

1931   스톡홀름 대학 졸업(경제학사).

       세계만유.

       인도 기독교여성청년회 일어 교사.

       인도인 미스터 로와 결혼.

       귀국.

1932   〈간디와 나이두 회견기〉〈인도 유람〉 등 발표.

       여자소비조합 운영.

       사망.

'일제강점기 새로읽기'를 펴내며

일제강점기는 우리 역사에서 매우 특수한 시기다.
유례를 찾기 어려운 폭압적인 식민지배는 민족의 생존 자체를
위협하였으며 그 생채기가 지금까지도 우리의 삶을 옥죄고 있다.
우리 민족의 항전은 주권 회복 투쟁만이 아니라 민족의
얼을 지키고 민족문화를 배양하는 다층적인 것이어야 했다.
한글운동, 고전 연구, 민족주의사학, 문학·문예 운동은 모두
그 같은 문제의식의 소산이었다. 많은 선각자들이 박토에
민족문화의 밭을 갈고 씨를 뿌렸다.

1960, 70년대까지 적지 않은 일제강점기의 문화자산들이
책으로 출간되었다. 그 후로는 연구자들의 연구서가 이어졌다.
하지만 그것만으로 충분한 걸까. 우리는 너무 빨리 많은 것을
잊어버렸고, 젊은 세대는 그 시절에 관심조차 없다.

'일제강점기 새로읽기' 시리즈를 시작하는 이유는 그 시절에
우리 민족문화의 한 원형질이 형성되었다는 믿음 때문이다.
가급적 당시의 생생한 목소리를 담으려 한다. 이 시리즈를 통해
지금 우리의 '선 자리'에 대한 이해가 한층 깊어지기를 기대한다.

2018년 4월 가갸날